スポーツ スポンサーシップ の基礎知識と契約実務

Basic Knowledge And Contract Practices Of Sports Sponsorship

弁護士 **加藤志郎** ［著］ *Shiro Kato*

中央経済社

まえがき
―win-winのクリエイティブなスポンサーシップをつくろう！―

　世界のスポーツの市場規模は拡大を続けており，日本においても，政府の成長戦略における「スポーツの成長産業化」として，2012年の国内市場規模であった約5.5兆円から，2020年までに10兆円，2025年までに15兆円を目指すものとされている。

　全世界的なトレンドとして，モノにあふれた環境で育った若い世代を中心に，モノより経験・体験に価値を見出して消費を行う傾向が強くなっており，それにマッチするスポーツをめぐるビジネスが国境を越えてさらに発展していくことは間違いない状況にある。

　とはいえ，このビッグウェーブには，すべてのスポーツ，選手，チーム，その他のスポーツに関わるプレイヤー達が，無条件で乗れるわけではない。人々の興味や価値観はますます多様化しているし，SNSやストリーミングサービスを筆頭に，魅力的で，しかもお金のかからない，良質のアクティビティやコンテンツは身近にあふれている。消費者からすれば，金銭的なコストをかけなくても，自分にフィットした娯楽だけにどっぷり浸かって，一生楽しめるほどの無限の遊びが広がっている。なんと幸せな時代だろう！

　しかし，それは同時に，そのような人々の時間，興味，消費をめぐる娯楽・エンターテインメント市場の競争が激化していることを意味する。その激しい競争の中で，それぞれのスポーツが生き残るためには，時代の変化に対応して常に新しいチャレンジを続けつつ，これまで以上に，自らの魅力や権利を積極的に活用して，収益を最大化することが重要となる。

　そして，近年のスポーツビジネスの発展の中で，特にその先進国である欧米において，重要な収入源の１つとしてめまぐるしく進化しているのが，スポンサーシップである。その背景には，ITの発達やマーケティング構造の変化に伴う，スポーツ側とスポンサー企業側の双方にとってのスポンサーシップのメリットの高まりがある。スポーツに関わるプレイヤーとスポンサー企業の間で

は，スポンサーシップの効用を最大化するための取組みであるアクティベーションの重要性が理解されており，スポーツのレベルや規模を問わず，ユニークで効果的なスポンサーシップが日々生み出されている。

　スポーツのビジネス面の重要性が歴史的に必ずしも強く意識されてこなかった日本では，スポンサーシップといえば，まだまだ「看板を出す」「企業名を読み上げてもらう」等のごく初歩的なイメージしか共有されていない場合も多く，スポンサーシップの持つ大きな可能性を活かしきれていないようにも思われる。

　しかし悲観することはない。これはいわゆる1つの，伸びしろだ。日本のスポーツには，そこに大きなチャンスがある。つまり，アクティベーションを含むスポンサーシップの基本を正しく理解し，クリエイティブに取り組むことさえできれば，選手，チーム，リーグ，団体，イベント主催者，スポンサー企業やそれらの担当者個人でも，魅力的なスポンサーシップを自ら考案することは十分に可能だ。これにより，駆け出しの選手やマイナースポーツ，小規模なイベント等でも，自らスポンサーシップを売り込んで活動資金を調達できる可能性が生まれる。企業としても，自社の課題に合わせて自ら主体的にスポンサーシップに取り組むことで，企業理念や中長期的な経営目標にも合致した，持続可能で一貫性のあるマーケティングを行うことができる。

　このように，スポーツ側とスポンサー企業側，それぞれにおいてスポンサーシップの基本が理解され，取組みが活性化していけば，win-winでメリットは大きい。

　そこで，本書は，スポーツスポンサーシップに携わり，またはこれから取り組もうとする方が理解しておくとよい基礎について，マーケティングの専門知識がなくても，誰でも吸収しやすいよう整理することを目指している。具体的なイメージも持ちやすいよう，欧米・日本の最新の実例を豊富に紹介し，特に，アクセスのしやすさの観点から，ネット上の記事や情報も多く引用している。

　また，スポンサーシップの経済的な価値の高まりと複雑化に伴って，それぞ

れのケースに応じた，正確でポイントを押さえた契約書を作成することも重要となっている。この点も，契約社会であるアメリカでは特に洗練されていて，当事者の具体的な権利・義務の内容について綿密に交渉がなされた上で，それを正確に反映した詳細な契約書が作成されることが通常である。

　これは，文字にされていないお互いの認識のズレから，後日になって無用なトラブルが生じることを避けるという観点で，重要である。さらに，細部にわたり契約交渉を行う過程で，ビジネス上の大枠の合意では見落としがちなリスクやポイントをあらかじめ議論することにより相互の信頼を高め，より生産的な取組みを実現できるという観点からも，実務上，非常に大切なプロセスである。

　もっとも，無駄に体裁にこだわって冗長だったり，理解しづらい契約書にするべきではない。また，欧米の契約実務は大いに参考にはなるものの，そのまま輸入すればよいわけではなく，当然，日本の法律や実務に照らして吟味する必要がある。実際の契約交渉にあたっては，これらの点に加えて，個々のスポンサーシップの趣旨や規模にも応じたバランス感覚も求められる。

　本書では，スポンサーシップの基礎を踏まえた上で，実際に交渉し，契約書を作成する上で注意すべき法律的・実務的なポイントを，サンプルの契約書も使いながら解説している。もちろん，すべての論点をカバーするものではないし，現実のスポンサーシップはどれもユニークで，テイラーメイドで契約書を作成する必要があるが，少なくとも一般的に注意すべきポイントを押さえておく趣旨でも役立てば幸いだ。

　筆者は，日本とカリフォルニア州の弁護士資格を持ちつつ，日本の渉外法律事務所でのスポーツ法務・企業法務全般，スポーツビジネス法務を中心とした米国ロースクールでの留学経験，米国スポーツエージェンシーでの勤務等を通じて，主に日米でスポンサーシップの企画・交渉に携わっている。そこで強く感じているのは，日本のスポーツスポンサーシップの伸びしろ，そして日本のスポーツそのものが持つ無限の可能性だ。世界で戦う日本のスポーツ選手・団

体や企業はもちろん，日本スポーツの根底を支える中小規模・草の根的なイベントやスポーツ活動まで，生産的なスポンサーシップを通じて日本のスポーツがさらに盛り上がるよう，本書がその一助になれば最高にhappyだ。

2023年10月

弁護士（日本・カリフォルニア州）　加藤志郎

Table of Contents

II

スポーツスポンサーシップの対象と交渉　　45

III

スポンサーシップの法律関係　　67

V

〈略語集〉

略称	正式名称
ATP	Association of Tennis Professionals
CBA	Collective Bargaining Agreement （労働協約）
EPL	English Premier League
FIFA	Federation Internationale de Football Association
IOC	International Olympic Committee
IPC	International Paralympic Committee
JOC	Japanese Olympic Committee （日本オリンピック委員会）
MLB	Major League Baseball
MLS	Major League Soccer
NBA	National Basketball Association
NCAA	National Collegiate Athletic Association
NF	National Federation （国内競技連盟）
NFL	National Football League
NHL	National Hockey League
SBD	Sports Business Daily
SBJ	Sports Business Journal
UEFA	Union of European Football Associations
UFC	Ultimate Fighting Championship
WNBA	Women's National Basketball Association

I

スポーツスポンサーシップって
ナンだ？

1　意味

(1)　あれもこれもスポンサーシップ

　「スポンサー」という言葉を聞くと，筆者のようなテレビっ子世代は特に，「ご覧のスポンサーの提供でお送りしました」という，テレビ番組のスポンサーが思い浮かぶ方も多いかもしれない。スポンサー企業はテレビ局に広告料を支払ってCMを放送してもらい，テレビ局はその広告料収入を番組の制作費や会社の運営費に充てる。これはこれで，イメージしやすいスポンサーシップの一例だろう。

　もっとも，現代社会で実際に行われているスポンサーシップの形は，非常に幅広い。スポーツや音楽フェス，劇団の興行等の各種エンターテインメントから，美術館や個展といった芸術活動，教育的な施設・研究やイベント，さらにはNGO等の公益的活動まで，多種多様な活動・イベントに対して「スポンサーシップ」が存在している。

　例えば，飲料メーカーのキリンは，「キリンカップ」との大会タイトルでもおなじみのとおり，1978年から継続的にサッカー日本代表をスポンサーしているが，その他に，東京ディズニーランドの開園以来のオフィシャルスポンサーでもある。さらには，東日本大震災復興支援の一環として，子どもの権利保護を目指すNGOのSave the Children Japanを支援する形で被災地の生徒を対象とした奨学金の支給を行うなど，多くの公益的な団体・活動のバックアップもしている[1]。キリンの他にも，Save the Childrenや国境なき医師団といった著名なNGOのホームページを見れば，業種を問わず多数の有名企業が支援企業として名を連ねているが[2]，これらもすべて，スポンサーシップの一種ということができる。

1　キリンの活動について詳しくは，キリン株式会社「社会との価値共創」〈https://www.kirinholdings.com/jp/impact/〉。

　また，ユニクロは，2013年より，ニューヨーク近代美術館（MoMA）の入館料が毎週金曜夕方に無料になるという「ユニクロ・フリー・フライデー・ナイト」というプログラムのスポンサーとなっており，関連して，MoMAとコラボしたデザインのアパレルも取り扱っている[3]。さらに，大人気の子ども向け職業体験施設のキッザニアでは，実際に体験できる業種のパビリオンごとに，お菓子工場は森永製菓，空港はANA，銀行は三井住友銀行，といった具合にスポンサー企業が付いており，運営費用面でのサポートに加えて，リアリティのある職業体験を実現するための協力を行っている[4]。

　これらはスポンサーシップの中でも比較的目にとまりやすい，ほんの一例にすぎない。とにかく巷には，スポンサーシップがあふれているといっても過言ではない。現代社会で私たちが1日外出すれば，その活動や消費には，実はかなりの数・種類のスポンサーシップが関わっているのだ。

(2) 「スポーツスポンサーシップ」の定義

　多種多様なスポンサーシップの中でも，本書が対象とするのは，前述のキリンによるサッカー日本代表支援のような「スポーツスポンサーシップ」である。

　「スポーツ」の定義はここではおいておこう。「eスポーツはスポーツなのか？」などと議論されることもあるが，スポーツの概念は時代とともに変わってよいし，人がそれをスポーツと呼んで楽しめるなら，それで十分だろう。特にスポンサーシップとの関係では，そもそも前述のようにスポーツ以外のもの

2　それぞれ日本法人のホームページとして，公益社団法人セーブ・ザ・チルドレン・ジャパン「SDGs達成に向けた企業・団体とのパートナーシップ」〈https://www.savechildren.or.jp/partnership/〉，特定非営利活動法人国境なき医師団日本「企業・団体としてのご支援」〈https://www.msf.or.jp/donate/corporate/〉。

3　株式会社ユニクロ「MoMAの毎週金曜夕方の入館料が無料になる「ユニクロ・フリー・フライデー・ナイト」がスタート！」2013年4月18日付プレスリリース〈https://www.uniqlo.com/jp/ja/contents/corp/press-release/2013/04/041809_moma.html〉，同「ニューヨーク近代美術館とのパートナーシップを更新」2022年2月24日付プレスリリース〈https://www.uniqlo.com/jp/ja/contents/corp/press-release/2022/02/22022412_moma.html〉。

4　KCJ GROUP株式会社「パートナー企業」〈https://www.kidzania.jp/corporate/sponsor/〉。

でも対象になりうるから，こだわる実益はない。

「スポンサーシップ」の定義はいろいろあり，例えば，国際商業会議所（ICC）が公表しているAdvertising and Marketing Communications Codeでは，「スポンサーが，スポンサーとスポンサーされる者の相互の利益のために，スポンサーのイメージ，ブランドまたは製品とスポンサーされるプロパティとの間の関連性を確立することを目的として，その関連性をプロモーションする権利や所定の直接または間接の便益の供与の対価として，資金その他の支援を契約上提供する商業的な合意」と定義している[5]。

また，IOCは，「オリンピック・スポンサーシップとは，企業が，金銭的な支援や商品・サービスの提供と引換えに，特定のオリンピックの知的財産権およびオリンピックマーケティングの機会に関する権利を付与される，オリンピック組織と企業の間の合意」と定義している[6]。

どれもやや複雑でわかりづらく，また，定義にこだわる必要もないが，本書では，「スポーツスポンサーシップ」の定義を，「スポンサーが，スポーツに関わる個人や団体の活動・イベント等との関連性を商業的に利用して自らのブランド・商品の認知やイメージの向上等を図る権利を取得し，その対価として金

---

[5] "any commercial agreement by which a sponsor, for the mutual benefit of the sponsor and sponsored party, contractually provides financing or other support in order to establish an association between the sponsor's image, brands or products and a sponsorship property, in return for rights to promote this association and/or for the granting of certain agreed direct or indirect benefits." ICC Advertising and Marketing Communications Code, Chapter B: Sponsorship 〈https://iccwbo.org〉。なお，同Codeは，スポンサーシップをそのように定義した上で，スポンサーシップの当事者はその条件を明確化すべき，スポンサーされる側の当事者の自律性が尊重されるべきといった一般原則や，スポンサーシップの種類・内容（芸術，社会問題，環境，チャリティ，メディアとの関連等）に応じた諸原則を規定している。

[6] "Olympic partnerships are an agreement between an Olympic organisation and a corporation, whereby the corporation is granted the rights to specific Olympic intellectual property and Olympic marketing opportunities in exchange for financial support and goods and services contributions." IOC "Olympic Marketing Fact File 2023 Edition" 10頁〈https://stillmed.olympics.com/media/Documents/International-Olympic-Committee/IOC-Marketing-And-Broadcasting/IOC-Marketing-Fact-File.pdf〉。

銭，物品またはサービスを提供する取引」と考えておく。簡単なイメージとしては【図表Ⅰ－1】のとおりである。

【図表Ⅰ－1】スポーツスポンサーシップ

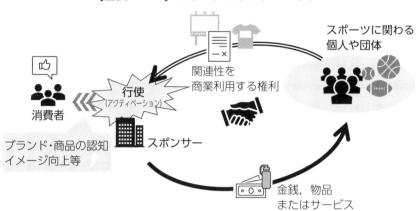

　ポイントとしては，まず，スポンサーは金銭等を一方的に提供するだけではなく，その見返りとして，露出やブランドイメージ向上を典型としたメリットを得られる双方向的な取引という点である。対価を求めない単なる寄付や贈与とは異なる。

　そのようなスポンサーにとってのメリットが，スポンサーとスポーツ選手や団体との間の関連性の確立・利用を通じて実現される点も大きな特徴である。つまり，スポーツ選手や団体の持つ周知性やポジティブなイメージを，スポンサーのブランドや製品に波及させることを狙うものになる。これは物の購入・受取りのように目に見えて利益が移転するものではないし，その達成のための具体的な方法は無数にありうるため，当事者として具体的になすべきことが何なのかは，取引ごとに当事者間で合意される必要がある。

　また，スポンサーが提供するものは金銭とは限らず，自社の製品やサービス，人材，技術支援，イベント会場，あるいはそれらの組み合わせというように，柔軟に設計可能である。

　なお，企業がスポーツ支援に取り組む場合，「スポンサー」以外にも，一般的に，「協賛」「支援」「オフィシャルサポーター」「オフィシャルサプライヤー」等のいろいろな名称が使われているが，厳密な使い分けはなされておらず，当事者が自由に決めてよい。特に，近年は，スポンサーシップは，ライツホルダーのみならずスポンサー企業側の課題解決も含めて相互の目的達成のために協働で作り上げていくものだという意識が強まるにつれて，「パートナー」などの呼び方が好まれる傾向が強くなっており，あわせて，「スポンサーシップ」ではなく「パートナーシップ」と称するケースなどが増えている。

　本書では，前述の定義に該当するようなものは，まとめて「スポーツスポンサーシップ」として扱っている。

　また，スポーツに関する画像・映像等の使用権やその他の知的財産権などの権利を保有するスポーツリーグ，チーム等を主に指して「ライツホルダー」と呼ぶことがあるが[7]，本書では，便宜上，スポンサーから金銭等の提供を受けるスポーツ選手，チーム，リーグ，団体，イベント等を総称する意味で「ライツホルダー」という用語を使っている。

⑶　「エンドースメント」とは？

　スポンサーシップの中でも，消費者の消費活動に影響力を持つスポーツ選手や著名人がスポンサー企業の製品・サービスを個人的に推奨する形態をとる販促活動は，エンドースメント（endorsement）とも呼ばれる[8]。【図表Ⅰ－2】が簡単なイメージ図である。

7　「コンテンツホルダー」や「スポーツプロパティ」などと呼ばれることもある。
8　スポーツ選手等の個人による製品・サービスのプロモーションを中核とするといった特徴を捉えて，エンドースメントはスポンサーシップとは別のマーケティングの一類型と説明されることもある。もっとも，経済的な目的，構造等は基本的に共通であり，少なくとも実務的な視点では，エンドースメントもスポンサーシップの一種と考えてよいだろう。

【図表 I − 2】エンドースメント

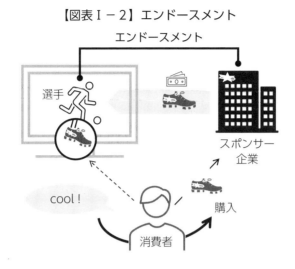

　聞き慣れない言葉かもしれないが，何も珍しいことではなく，一番の成功例で言えば，マイケル・ジョーダン選手とナイキの関係を知らない人はいないだろう。ナイキはジョーダン選手にエンドースメント料を支払い，また，試合や練習用のシューズを提供する。ジョーダン選手は，試合や練習で実際にそのシューズを履いてプレイし，さらにナイキのCMに出演するなどして，販促活動に協力する。これにより，ジョーダン選手のファンを含む一般消費者は，ナイキのシューズに興味・好感を持ち，購買につながる。ナイキがスポーツアパレル業界において今日の不動の人気を築いたのは，世界中で社会現象を巻き起こしたこのエンドースメントの成果によるところも大きいと言われており，ジョーダン・ブランドだけでも2018年度には31億ドルの収益を上げている。他方，ノース・カロライナ大学からシカゴ・ブルズに入団した1984年にナイキと契約して以来，ジョーダン選手は，ナイキから10億ドル以上を受け取ったとされている。このエンドースメントは生涯契約として現在も続いており，ジョーダン選手は，2019年でも，NBAの現役選手中では最大のナイキのエンドーサーであるレブロン・ジェームズ選手の約4倍に相当する年間1.3億ドルを獲得したとも言われる[9]。史上最も成功したエンドースメントと言ってよく，まさしく

win-winだ。

　もっとも，エンドースメントの対象はこのようなスポーツ用品に限らず，日用品，食品，サービス，あらゆるものを対象としうる。例えば，エンドースメントが古くから発展していた米国では，すでに1930〜40年代には，ベーブ・ルース，ジョー・ディマジオといった往年のメジャーリーガーが食品やタバコの販促に登場しており，これらもエンドースメントの一例である。

　エンドースメントにより企業がメリットを受けるためには，その選手と製品等が多くの消費者の耳目に触れる必要があり，それは伝統的には，選手の活躍に伴って，新聞やラジオ，テレビといったメディアを通じて実現されてきた。しかし，インターネット，SNS等のプラットフォームを通じて個々の選手が直接にファンやフォロワーに向けて発信できるようになった現代では，競技成績からは必ずしもマスメディアで消費者にリーチできる機会が多くない選手や，マスメディアで取り上げられることが少ないマイナースポーツの選手であっても，個性や工夫次第では多くの消費者を惹きつけることが可能である。ここに大きなエンドースメントのチャンスが生まれており，それを狙うのであれば，選手個々人が，競技成績のみではなく，いわば自分自身をどのように「ブランディング」していくかという視点も重要となる。

　また，スポーツ用品のエンドースメントに関して，特に，チームからの支給品がなく，すべての用具を自前で用意する必要があるテニスやゴルフといった個人スポーツで駆け出しの選手の場合，プロとして活動するにあたり，まずは用具のスポンサーと契約することが急務となるケースもある。毎日の練習や試合で激しく用具を消耗し，かつ，常にベストの状態の用具を要するプロ選手の場合には，驚くほど頻繁に用具の交換が必要であり，しかも，プロ仕様の高価な用具でもある。これをすべて自費で購入する金銭的な負担は大きいため，ま

9　Kurt Badenhausen "Michael Jordan Has Made Over $1 Billion From Nike - The Biggest Endorsement Bargain In Sports" Forbes（2020年5月3日）〈https://www.forbes.com/sites/kurtbadenhausen/2020/05/03/michael-jordans-1-billion-nike-endorsement-is-the-biggest-bargain-in-sports/?sh=67013fb46136〉。

ずは，エンドースメント料の支払までなくとも，用具メーカーとの間で用具の無償提供につき契約を目指すことも多い。

(4)　カギはアクティベーション！

スポンサーシップは，ライツホルダーからの権利の取得と，その権利を活用するアクティベーションという，主に2つのプロセスで構成される。近年の欧米におけるスポーツスポンサーシップの隆盛は，後者のアクティベーションの発展によるところが大きい。win-winのスポンサーシップを作る上では，効果的なアクティベーションの計画と実施が必要不可欠であり，逆に言えば，この点をしっかり押さえていれば，必ずしも経験や予算その他のリソースが十分ではないライツホルダーやスポンサー企業であっても，アイデア次第で魅力的なスポンサーシップを自ら企画・提案することが可能となる。

アクティベーション（activation）とは，スポンサーが，スポンサーシップの目的を最大限効果的に達成するために，スポンサーシップにより取得した権利を活用することをいう。

例えば，2016年リオ・オリンピックにおいてワールドワイドパートナーのブリヂストンは，【図表Ⅰ－3】にまとめたものを含めて，オリンピックに関連して，ブラジル，アメリカ，日本等の各国で多彩な活動を行った。ブリヂストンがオリンピックのスポンサーとなったことで得た権利を積極的に活用し，ブランドの認知やイメージの向上，従業員の意識高揚といった様々な目的を達成するために行われたこれらの一連の活動が，アクティベーションである[10]。

10　なお，オリンピックの各スポンサーがオリンピックで行ったアクティベーションの概要は，IOCの公表しているMarketing Reportでも知ることができる。IOC "Marketing and Broadcasting"〈https://www.olympic.org/documents/ioc-marketing-and-broadcasting〉。

【図表 I − 3】リオ・オリンピックにおけるブリヂストンの活動[11]

概　　要	活動の内容
テレビCM	オリンピックに向けた "Chase Your Dream" の標語を掲げたテレビCMを制作し，ブラジル，日本，アメリカで放映。
景品キャンペーン	大会期間中に販売店でタイヤを買うと景品が当たるプロモーションをアメリカで実施。
ファンゾーン	リオ現地のゴルフ会場で，国際ゴルフ連盟が設置したゴルフ体験用のファンゾーンのスポンサーとなり，ゴルフ用具を提供するなどのサポートを実施。
グループ内の情報発信	スポンサーシップを通じたグループ従業員の一体感の醸成を目的として，グループ内におけるオリンピック関連の情報発信を充実。
屋外広告	リオ現地での400カ所以上のバナー，看板等の屋外広告を設置。
特設Webサイト	ブラジル，米国において特設Webサイトを開設。

　スポンサーシップ契約の基本構造は，スポンサーが対価を支払い，ライツホルダーから一定の権利を取得するものである。典型的な権利としては，スポンサーが「当社は○○の公式スポンサーです」と公言する権利，イベントロゴや選手の肖像をスポンサーのプロモーションに使用する権利，会場に企業看板を設置する権利等である。

　しかし，スポンサーが，消費者の認知拡大やブランドイメージ向上といったスポンサーシップに取り組む目的を効果的に達成するためには，ただスポンサーシップ契約を締結して権利を取得するのみでは足りない。つまり，これらの権利は「素材」にすぎないのであって，それを具体的にどのように活用して，企業が抱える課題の解決や目標の達成につなげるかが重要であり，これがアクティベーションの基本コンセプトだ。

11　株式会社ブリヂストン「リオ2016オリンピック大会でブランディング活動を実施」2016年8月30日付ニュースリリース〈https://www.bridgestone.co.jp/corporate/news/2016083001.html〉を元に筆者が作成。

　アクティベーションの主体はスポンサーなので，どれだけ積極的に，どのようなアクティベーションを行うかはスポンサー次第だし，そのための費用も，ライツホルダーに支払うスポンサーシップ料とは別に，スポンサーの負担となる。

　そのため，企業がスポンサーシップに取り組む際の予算には，いわば原材料費とも言えるスポンサーシップ料に加えて，アクティベーションの費用が含まれる必要がある。アクティベーションの重要性が高まるにつれて，それにかけるべき費用の相場感も上がっており，十分なアクティベーションのためには，ライツホルダーに支払うスポンサーシップ料と少なくとも同額程度（つまり，予算全体の50％程度）を見込むべきと言われることもある。

　前述の典型的なスポンサーの権利を例にすれば，オリンピックのスポンサー企業が，製品のテレビCMの最後に，自社ロゴとオリンピックエンブレムを並べて「当社は○○オリンピックの公式パートナーです」とさらりと表示するだけでも，一応のアクティベーションとは言える。この場合，CM枠自体はスポンサーシップと関係なく別途テレビ局から購入済みだったとすれば，アクティベーションの追加費用は限定的だろう。もっとも，脈絡なくそのような画面を表示するだけでは，効果的なアクティベーションとは言い難い。スポンサーとしての権利をより活かすためには，オリンピック出場選手をあわせて起用し，スポーツ色・オリンピック色を前面に出したCMを制作したり，現地のイベント会場を借りて企業や製品とオリンピックとの関係を紹介する特設会場を作ったり，オリンピックエンブレムを刻印した限定製品のプレゼントキャンペーンを行ったり，様々なアイデアがありうる。

　より具体的に，前述のブリヂストンのケースであれば，オリンピックにフォーカスしたCMの制作費や放映費，プレゼントキャンペーンの広告費や景品代，ゴルフ体験用に提供するゴルフ用具の調達費用その他の国際ゴルフ連盟に支払うスポンサーシップ料，グループ内の情報発信として社内誌等を発行するのであればその費用，現地の看板等の製作費・掲出費等が発生しうるわけで，これらの費用は，IOCに支払うスポンサーシップ料とは別に，ブリヂストンが

負担することになる。

　スポンサーとしては，明確な目的意識と主体性を持ってアクティベーションに取り組む必要があるが，必ずしも社内にその理解があるとは限らない。その中で，スポンサーシップの勧誘を行うライツホルダー側としても，ただスポンサーに権利を与えて，「はい，どうぞご自由にアクティベーションを！」とスポンサー任せにするのと，自らスポンサーの課題や要望を調査・設定した上で，その解決のための具体的なアクティベーションも含めて提案するのとでは，大きな差が生まれる。

　「素材」を売っておしまいではなく，お客の好みやリクエストに合わせて最適な料理法を提案し，必要があれば実際に下ごしらえや調理もしてくれる。多数のエンターテインメントがスポンサーシップを求めて競い合う中で，「市場の新鮮な魚には興味があるけど，買っても自分で料理するのはちょっと……」というスポンサーにとって，この魚市場食堂型のサービスは非常に魅力的であるし，ライツホルダーにとって大きな強みになりうるだろう。

コラム　「スポーツマーケティング」の２つの意味

　スポーツスポンサーシップは，スポンサー企業がブランド・商品の認知やイメージアップを図るマーケティング活動をスポーツを通じて行うという点で，「スポーツマーケティング」とも言われる。米国の大企業などで置かれている「スポーツマーケティング部門」は，まさにこの意味のスポーツマーケティングを所掌する部門である。

　もっとも，「スポーツマーケティング」という言葉は，このような企業によるスポーツを通じたマーケティングのほか，スポーツチーム・リーグ等のライツホルダー自身のためのマーケティングを意味する場合もある。

　例えば，営利団体であるプロスポーツチームは，チケット販売，放映権の取引，スポンサーの獲得，グッズの売上等による収益を増やすことを目的として，自らのブランド価値を高め，ファンを獲得するためのマーケティング活動を行っている。試合予定やチーム情報の発信は当然として，ファン感謝祭やサイン会等のイベント開催，来場者へのプレゼント等，これらのライツホルダーによる活動もまた「スポーツマーケティング」と呼ばれ，スポーツビジネスの重要な一側面を成している。なお，これによりライツホルダーのブランド価値が向上すれば，スポンサーにとってのスポンサーシップの価値も向上するのであって，その意味では，２つの「スポーツマーケティング」は密接に関連していると言える。

　特に近年では，飽和するエンターテインメント市場におけるファンの獲得競争が激化するにつれて，スポーツチーム・リーグやイベント等としては，SNSやオウンドメディアも活用して，オフシーズンを含めて恒常的にファンとの関わりを維持することが重要となっている。ユニークで魅力的なコンテンツの制作はその鍵であり，ライツホルダーのクリエイティブさが強く求められている。

　また，そのようなファンとの関わり（"Fan Engagement"）の向上やファンの体験（"Fan Experience"）の充実は，日本のスポーツ業界で従前から必要性が叫ばれてきた，ライツホルダーによる収益化の努力ともつながりうる。近年，新たなテクノロジーやデータの活用により，ライツホルダーがこれまでにない方法で収益化を図る機運が世界的に高まっているところであり，選手の画像・映像等のNFT（Non-Fungible Token）やファントークンの販売，メタバース上のバーチャルスタジアムの設置等もその一例であり，日本のライツホルダーにおいても，欧米の先行例を参考にしつつ，盛んに導入が検討されている[12]。

　これらの新しい収益化の試みにおいては，単に新しいテクノロジーが「金にな

る」と飛びつくのではなく，そのテクノロジーを通じて新しいFan Engagement
／Experienceを生み出し，ファンに新たな価値・エンターテインメントを提供
できることが前提となる[13]。そして，そのように新たにFan Engagement/
Experienceを生み出すことは，スポンサーに対しても新しいメリットとアクティ
ベーションの機会を提供することにつながる。

　特に，COVID-19のパンデミックにより多くのスポーツイベントが中止や無観
客化され，会場等でのアクティベーションを通じたスポンサーメリットの享受が
難しくなった中，その埋め合わせとして，デジタルベースのメリットやアクティ
ベーションが広く検討・実施された。例えば，ライツホルダーが，バーチャルス
ペースにファン同士や選手との交流の場を設けたり，ファンがバーチャルスタジ
アムでコンテンツにアクセスできるようにしたりして，それらのタイトルスポン
サーの地位や，バーチャル上での看板・広告表示やサービス体験といったアク
ティベーションの機会がスポンサーに与えられた。

　結果的に，パンデミックの数年間で，デジタル・バーチャルスペースを活用し
たスポンサーシップは飛躍的に発展している。パンデミックの終息後においても，
仮想空間の発展を含めてITが今後さらに進歩するに伴い，その可能性は拡がっ
ていくだろう。

12　NFTとは，ブロックチェーン技術の活用によりデジタルデータに唯一無二性を付与した
ものであり，NBA Top Shotを代表例とする選手の画像・映像等のNFTは，従来の紙ベー
スのトレーディングカードのデジタル版とも言えるものとして注目を集めている。ファン
トークンとは，ブロックチェーン技術を活用しつつも代替性のあるトークンをスポーツ
チーム等が発行するものであり，その保有者には，通常，トークンの保有数に応じてイベ
ントへの参加資格やグッズ等の特典が与えられる。メタバースとは，多数のユーザーが同
時参加して現実世界と同様にコミュニケーション，コンテンツ制作，取引その他の活動が
できる仮想空間であり，現実のスタジアムを訪れるのと同様の体験を世界どこからでも可
能とするバーチャルスタジアムの設置等が検討されている。

13　新しいテクノロジーを利用した新商品・サービスであっても，それが真に新たなFan
Engagement／Experienceを生み出すものではないとファンから捉えられた場合には，単
なるファンからの搾取，スポーツのいき過ぎた商業主義化などとして批判の対象ともなり
うる点に留意が必要である。例えば，ヨーロッパのサッカークラブを中心に導入が進んで
いるファントークンについても，EPLのいくつかのクラブのサポーターからは，本来はサ
ポーターに無料で提供すべきファンサービスを収益化するものなどと批判が生じたことが
ある。Joshua Kay "Fan Tokens And The Sport Industry: Key Legal And Commercial
Risks" LawInSports（2021年11月15日）〈https://www.lawinsport.com/topics/item/fan-to
kens-and-the-sport-industry-key-legal-and-commercial-risks〉参照。

2　ライツホルダー側の目的

　ライツホルダー側にとってのスポンサーシップの主目的は明らかだろう。選手・チームの活動やイベント運営のために必要な資金や物品・サービスをスポンサーから受け取ることであり，これらはスポンサーシップ契約においてスポンサーが提供することを合意する対象そのものである。

　例えば，オリンピックのスポンサーであれば，そのランクに応じてIOCや各大会の組織委員会にスポンサーシップ料を支払うことになるし，それに加えて，大会運営のための製品やサービスを提供することもある。ワールドワイドオリンピックパートナーである時計メーカーのオメガは，2021年の東京オリンピックにおいて，公式タイムキーパーとして，数百個以上の各競技のスコアボードを含む400トンもの器具を提供し，1,000人以上のスタッフ・ボランティアを派遣した上，最先端のテクノロジーを駆使して公式記録の正確な測定をサポートした[14]。

　特に近年は，ライツホルダー側としても，競技パフォーマンスやファン体験の向上のために，5G，VR/AR，AIやデータ解析を含む最新のテクノロジーを取り入れる必要性が高まっており，IT関連のスポンサー企業から支援を受けるケースは多い。スポンサーにとっても，ライツホルダーの活動を通じて自社のテクノロジーを広く世間にアピールできるし，一般向けにサービス展開する前のテストケースとして利用できるメリットもある。

　スポンサーが提供するこれらの利益は，そもそもスポーツ活動が経済的に成り立つために必要な財産を確保する点で重要であるのは言うまでもない。加えて，そのような直接的な必要性にとどまらず，多くのスポンサーシップを獲得できれば，それだけ選手，チーム，イベント主催者等のステークホルダーが得られる余剰利益も増大するという仕組を通じて，より魅力的な活動・イベン

14　Chris Smith "Omega keeps watch at the Games" SBJ 2021年8月2日号。

トを創り上げる経済的なインセンティブがライツホルダーに与えられるという
観点でも，スポーツの発展上，大きな意義を有する。

　もっとも，ライツホルダー側としては，必ずしも資金面のみではなく，ライ
ツホルダー自らのマーケティングやブランディングも目的に含みうる。

　つまり，スポンサーがライツホルダーのロゴやコンテンツを利用して大々的
にプロモーション活動を行えば，それは同時にライツホルダー自身の知名度
アップや興味喚起にもつながる。また，例えば，若者に人気の革新的な企業が
スポンサーすることで，そのライツホルダーがクールだというイメージを持っ
てもらったり，プレミアム感のあるブランドがスポンサーとなることで，その
ライツホルダーの格を高めることを狙ったりもできる。あるいは，信用のある
大企業をメインスポンサーとすることで，前例や実績がないイベントの信用度
を補い，様子見している他のスポンサーを引き入れるといった狙いもありうる。

　逆に，たとえ金銭的には好条件であったとしても，ライツホルダー側のブラ
ンドイメージの問題として，スポンサーとすることに慎重となるべき企業もあ
りうる。この観点からの検討が必要となる代表的なカテゴリーとしては，タバ
コ，アルコール等である。この点はⅡ2(2)を参照してほしい。

3　スポンサー側の目的

　スポンサー側にとってのスポンサーシップの目的は実に多様だが，主要なものを以下，個別に列挙し，それぞれ説明する。もっとも，以下の分類は筆者が個人的に便宜上整理したものにすぎないし，これらは互いに排他的なものではなく，実際には複数の目的を含むケースが多い。そして，これら様々な目的を組み合わせて包括的に捉えれば，より大枠としては，ライツホルダーとのパートナーシップや事業共創を通じた企業の経営課題や社会課題の解決が究極的な目的となるとも言えるだろう。

(1)　ブランドの認知（露出）

　「キリンカップ」や「東レ・パンパシフィックオープン」のようにイベントの冠スポンサーとなったり，「日産スタジアム」や「味の素スタジアム」のように競技場のネーミングライツを得たり，さらに典型的には会場内の看板スペースに広告を掲示したりすれば，現地を訪れまたはメディアを通じてイベントに触れる不特定多数のファンや消費者に，企業や商品を知ってもらうことができる。

　このブランドの認知・露出（exposure）は，スポンサーシップによる最も基本的なメリットである。先に述べた以外にも，ユニフォームやヘルメット等の用具への企業ロゴの掲載，チーム・選手のSNSでの紹介，試合会場での商品サンプル配布，企業コラボ記念品の贈呈等，取組み次第で多種多様な露出の機会を創り出せる。

　例えば，近年，シンプルながらも米国で大きな話題となっているものとして，主要プロスポーツにおけるジャージパッチがある。ユニフォームに企業ロゴを掲出するジャージパッチは，欧州サッカー等において従前から一般的であるが，米国の四大プロスポーツにおいては，リーグにより長年禁止されていた。しかし，NBAは，2017-18シーズンから，各チームのユニフォームへの2.5インチ四

方の企業ロゴの掲出を解禁した。スタジアムの観客には小さすぎて見えないか
もしれないが，中継映像等では大きな露出となるだけに，その広告価値は高く，
各チームとも年間数億〜10億円以上で取引されている。そして，これを皮切り
に，【図表I−4】のとおり，他の米国プロリーグにおいてもジャージパッチ
等の解禁の流れが続いている。

【図表I−4】米国の主要プロリーグにおけるジャージパッチ等の解禁[15]

リーグ	ジャージパッチ等の解禁
NBA	・2017-18シーズンから，各チームのユニフォームの左胸への企業ロゴの掲出を解禁
MLB	・2023シーズンから，各チームのユニフォームの左右いずれかの袖への企業ロゴの掲出を解禁
NHL	・2020-21シーズンから，各チームのヘルメットへの企業ロゴの掲出を解禁 ・2022-23シーズンから，各チームのユニフォームの左右いずれかの肩または胸への企業ロゴの掲出を解禁
MLS	・2020シーズンから，各チームのユニフォームの袖への企業ロゴの掲出を解禁 ※各チームのユニフォーム前面への企業ロゴの掲出は従前より許容

　スポンサーシップの多彩な目的・効用が認識されるにつれて，看板に企業ロ
ゴを掲出するだけといった古典的な露出への関心は相対的に低下していると思
われるが，他方で，多くの関係者にとって，ブランド認知が依然として最も基
本的かつ重要なメリットであることも事実である。ただし，社会に広告があふ
れている現代においては，効果的なブランド認知のために，単なる露出の回数
やサイズという「量」的な要素だけではなく，その文脈や受け手との関わり方
といった「質」的な要素がますます重要なポイントと捉えられている。高速道
路で窓に流れる企業看板と，子どもの頃に行った野球場で憧れの選手のホーム

15　米国四大プロスポーツではNFLのみ，依然としてジャージパッチを解禁していない。

ランが直撃した企業看板，同じ一瞬目に入っただけでも，どちらが受け手の印象に残るかは明白だろう。

　物理的には同じ時間・回数の露出であっても，それに触れた状況次第で受け手にとってのインパクトは全く異なる。それが受け手のポジティブな経験に結びついていれば，より効果的にブランドの認知（ひいては後で述べるブランド連想によるポジティブなイメージ）を高められるし，これがスポーツを利用したブランドの認知・露出の強みでもある。

　露出が消費者の目に触れる計算上の数のみでいえば，テレビ中継のないスポーツイベントのスポンサーシップは，全国区のテレビ番組でのCMには遠く及ばないだろう。しかし，今どきの視聴者が，ザッピングもスマホもせずにCMを見て，かつ，テレビ視聴という日常経験の中でその15〜30秒のメッセージを気にとめてくれる可能性は限られる。これに対して，工夫されたアクティベーションを通じて，イベントを訪れた熱心なファンとの双方向的な関わりの中で企業・製品に触れてもらえる機会を創り出せれば，露出の絶対量は少なくとも，費用対効果では大きなメリットを得ることができる。

　例えば，新しいコーヒーブランドの認知を図るのであれば，真夏のスタジアムに並ぶ壁面公告の１つに脈絡なくブランドロゴを掲出するより，ウィンタースポーツのスポンサーになり，会場で観客にホットコーヒーを配るなどのアクティベーションをすれば印象を残しやすく，効果的かもしれない。実際，アメリカのドーナツ・コーヒーチェーンのDunkinは，アイスホッケーのNHLのスポンサーとなり，会場でのサンプル配布を含むアクティベーションを積極的に行っている。

⑵　ブランド連想（"Brand Association"）

　企業がスポンサーシップに取り組む目的のうち，近年，特に重要視されているのは，スポンサーシップによりライツホルダーとスポンサーとの間の連想を生じさせることで，そのスポーツのファンを含む消費者がそのライツホルダーに関して持つポジティブなイメージを，スポンサーのブランドや商品に伝播さ

せることである。

　例えば，エナジードリンクメーカーのレッドブルは，スノーボード，スケートボード，BMX，MTB等のいわゆるアクションスポーツを古くからスポンサーしてきた。これらのスポーツについて，我々が抱いているイメージはどんなものだろうか。刺激的，革新的，スピード感，爽快感，クール，ファッション……まさにレッドブルが自社の商品について消費者に持ってほしいイメージと重なるように思えるだろう。そこで，レッドブルは，アクションスポーツのスポンサーシップを通じて，レッドブルについてもこれらのイメージを波及させることを目的としうる。つまり，「刺激的」と言えば「アクションスポーツ」，「アクションスポーツ」と言えば「レッドブル」というように，消費者の意識の中で，ライツホルダーに対するイメージがマジカルバナナ的にスポンサーの商品やブランドに伝播することを狙うわけである。味や成分としてはレッドブルと類似した栄養ドリンクなどは以前から日本に多く存在した中で，レッドブルが特に若者の間で瞬く間に圧倒的な人気を獲得したことには，これらのイメージ戦略が大きく寄与していることは想像に難くないだろう[16]。

　栄養ドリンクつながりで，よりシンプルな例で言えば，佐藤製薬がイチロー選手のスポンサーとなり，イチロー選手を起用したユンケルのプロモーションを行うことで，消費者は佐藤製薬とユンケルについてもイチロー選手と同様に高いプロ意識を持つブランドであり，高品質で，トップレベルの選手に愛用されているといったイメージを持つだろう。また，ナイキ，アディダス等のスポーツアパレルメーカーが各スポーツのトップクラスの選手を競い合うようにスポンサーするのは，最高の選手に使用されているブランド＝最高のブランド，

16　もっとも，スポーツに対するレッドブルの関わり方は，単なるアクションスポーツへのスポンサーシップにとどまらず，サッカー，モータースポーツ等の伝統的なスポーツからeスポーツまで幅広く対象にしたスポンサーシップ，自らのブランド名を冠したサッカークラブやF1チームの保有，さらには自ら立ち上げた新スポーツのイベント運営や自ら保有する制作会社，レコード会社，テレビ局等による独自コンテンツの制作・発信まで行う，一飲料メーカーとしての存在を超えたブランディングとスポーツの関係性についての革新的な取組みで常に注目を集めている。HJ Mai "Raging bull" SBJ 2013年9月2日号等参照。

という消費者の連想があるからとも言える。

　さらに，スポーツを通じたブランドの認知や連想のいわば発展形として，ファンのブランドに対するロイヤルティ（忠誠）の獲得にもつながる。例えば，米国モータースポーツのNASCARは，その収益構造においてスポンサーシップが特に重要な割合を占めており，かつて人気が低迷して存続が危ぶまれた時期も含め，スポンサーによってスポーツが支えられているとの認識を多くのファンが共有している。そのため，ファンはスポンサーに強い好感を持ち，その製品を意識的に優先して購入する等，スポンサーに対するロイヤルティが最も高いプロスポーツリーグと言われている。これはスポンサーから見て極めて魅力的であり，スポンサーシップの理想形の１つとして，NASCARは多くのスポンサーの獲得に成功している[17]。

　このブランド・ロイヤルティは，一般的には，新しいまたはニッチなスポーツほど高いことが多い。そのスポーツの存続・発展におけるスポンサーの重要度が相対的に高く，それをファンも理解しているためである。近年では，特にアメリカにおいて，スポーツにおける男女平等がムーブメントになっており，女子プロスポーツへの注目も高まっているが，男子に比べるとまだまだ資金面に課題がある中で支援してくれるスポンサーの存在は大きく，それを反映してファンのスポンサーに対するロイヤルティも高いと言われている。

17　Paul Jankowski "6 Reasons Brands Should Align With NASCAR" Forbes（2019年2月21日）〈https://www.forbes.com/sites/pauljankowski/2019/02/21/6-reasons-brands-should-align-with-nascar/?sh=477803e7d5b9〉等参照。

コラム　Equal Pay!　—米国スポーツと男女平等①—

　近年のアメリカでは，スポーツの様々な面における男女格差を是正する動きが加速している。

　特に大きなインパクトをもたらした事例として，女子サッカーのアメリカ代表選手らが，男子サッカーのアメリカ代表選手と同等の賃金や待遇を求めて，訴訟まで争ったケースがある。男子アメリカ代表は，近年のW杯においては2002年のベスト8が最高成績であり，2018年には予選敗退もした一方で，女子アメリカ代表は，2015年，2019年のW杯を連覇するなど，まぎれもなく世界トップの成績を収めている。しかし，米国サッカー連盟から支払われる代表選手の報酬額は，男子が女子より圧倒的に多く，例えば，女子代表選手らの訴状によれば，親善試合20試合を全勝したと仮定した場合の報酬額が，男子は1試合当たり平均1万3,166ドルに対し，女子は1試合当たり最大4,950ドルとのことであった。また，実際にも，男子が2014年W杯でベスト16に入った際のチームへのボーナスが総額540万ドルだったのに対して，女子が2015年W杯で優勝した際は総額172万ドルだったとのことである[18]。これらの数字からは，競技成績に照らして，男子と女子の報酬額にアンバランスがあったことは明らかだろう。女子代表選手らは従前からその是正を叫んでおり，2016年には賃金差別として雇用機会均等委員会に申立てを行い，ついに2019年には，構造的な男女差別が存在するとして米国サッカー連盟を相手取った訴訟を提起した。

　その後に開催された同年の女子W杯でアメリカ代表が優勝した際には，試合後の会場でサポーターによる"equal pay!"（同一賃金）の大合唱が起きるなど，選手を支持するファンは多かったが，他方で，この一件は，スポーツにおける男女平等とは何かという根本的な問題にも関わり，必ずしも簡単な話ではない。たしかに競技成績を見れば，女子代表は男子代表よりはるかに良い結果を残していると言えるが，他方で，連盟の主張によれば，試合の収益額や視聴率においては，男子が女子を大幅に上回るというのである。それが事実だとすると，はたして女子代表選手らの報酬額が少ないのは男女差別の問題なのか，疑問も生じうる。見方によっては，男女という区別の問題ではなく，単に競技自体の人気の差であり，例えば，それぞれがまったく別のスポーツだと考えたらどうか（人気スポーツと

18　Anne M. Peterson "Women's national soccer team players sue for equitable pay" AP News（2019年3月9日）〈https://apnews.com/article/89de09f63ae14574b38ffb58974dc8b5〉。

そうでないスポーツで報酬額に差があるのは仕方ないのではないか），それぞれ独立に採算を考えたらどうか（それぞれの収益に応じた金額が選手に配分されるのは合理的ではないか）といった議論は容易に想定されるだろう。

　訴訟については，2020年4月には連邦地方裁判所が女子選手らの訴えを認めない判断を下すなどしたが，最終的に，2022年2月に当事者間で和解がなされ，今後の報酬基準を基本的に男女同一とすることや，連盟が女子選手らに2,400万ドルを支払うことが合意された。金額的には選手らが求めていた6,700万ドルには届かず，全面勝利とはいかないものの，概ね選手側の実質的勝利と捉えられている。そして，2022年5月には，実際に男女のアメリカ代表の報酬額を平等とする内容のCBAが男女の選手会と連盟との間で締結された。

　上記のとおり，突き詰めると，この一件自体はどこまで男女平等の問題と言えるか自明ではない。しかし，その中でも，巨額でセンセーショナルな訴訟を通じて米国スポーツにおける男女不平等の問題に光を当て，結果的にその是正と女性スポーツのさらなる発展を劇的に推し進めたことは疑いなく，なんともアメリカらしいダイナミズムを感じるところだ。

　このような選手らの絶え間ない努力もあってか，特に欧米において，近年，女子スポーツの人気・価値は急上昇している。例えば，WNBAのシアトル・ストームが2023年に資金調達した際の同チームの評価額は，同リーグ史上最高となる1億5,100万ドルであったとされている[19]。スポンサー企業からの注目も増しており，FIFA，UEFAおよびワールドラグビーが保有する女子スポーツイベントにおいて，男子スポーツとのパッケージではない独自のスポンサーシップが，2021年には前年比で146%増加したとのデータもある[20]。

　女子スポーツをスポンサーするメリットは様々であるが，企業がリーチしたい若い世代の関心が高いことに加え，スポンサーに対するファンのロイヤルティも高いと言われている。また，新規のリーグ等が多く，既存のステークホルダーが少ないなど，スポンサーとしての新規参入やより深い関係性の獲得のチャンスが大きいこともあげられる。

19　Rachel Bachman "Seattle Storm Share Sale Values Team at WNBA Record $151 Million" The Wall Street Journal（2023年2月8日）〈https://www.wsj.com/articles/seattle-storm-wnba-franchise-value-151-million-11675872816〉。

20　Nielsen Sports "Fans are changing the game: 2022 global sports marketing report" 16頁。

⑶　ホスピタリティ

　日本ではあまり馴染みがないかもしれないが，欧米では，必ずしもスポーツに関わらない業種を含む一般企業等が，得意先の接待やカジュアルなミーティング等のビジネスシーンにスポーツイベントを用いることが珍しくない。MLBの試合に取引先を招待し，落ち着いた個室で上質な食事を楽しみつつ，野球を横目に観戦しながら，カジュアルでリラックスした雰囲気でビジネスの話をする……といった具合である。

　ライツホルダー側としても，企業のこのような需要を取り込むべく，来場者にプレミアム感を抱かせられる施設やパッケージの用意に力を入れている。例えば，2018年に大規模なリノベーションが完了したテニスの全米オープン会場であるNational Tennis Centerには，26,000平方フィート（約2,400㎡）に及ぶホスピタリティ用スペースが設けられ，その中には，無料の飲食を楽しみつつ来場者同士が交流できる高級ラウンジ風のVIPエリアやバー等がある[21]。全米オープンを主催する全米テニス協会は，プライベートな空間での接待を希望する企業に対して提供できる個室を用意する一方で，よりアクティブなネットワーキングの場を希望する企業に対してはこれらのスペースを提供し，それぞれの企業のニーズに応えることで収益につなげている。

　このように，ライツホルダーがスポンサー等に対して，プレミアムチケットに加えて，観戦のための特別なロケーション，付随的なイベント・特典（試合前後のパーティ，人気選手とのふれ合い，元選手による生解説，記念品等），それらに伴う宿泊や食事等の複合的なサービス・エンターテインメントを提供することは「ホスピタリティ」と呼ばれ，特にオリンピックやW杯のような大きなイベントではスポンサーシップの欠かせない一面となっている。ホスピタリティの提供を受けるスポンサーは，特別感のあるもてなしの場として，その機会を自らの取引先の接待や新規顧客の勧誘等のためにビジネス上で利用する

21　Daniel Kaplan "U.S. Open's growing hospitality" SBJ 2018年8月27日号。

ことができる。

　なお，このホスピタリティは，スポンサーシップ取引の一環としてライツホルダーからスポンサーに提供されるケースのみではなく，ライツホルダーまたはその委託先からスポンサー以外の企業や個人に販売される場合もあるし，その購入者が（特に誰かをもてなすためではなく）自らの娯楽として使用する場合もある。そのような様々なシーンで活用できることが，ホスピタリティの良さとも言える。

(4)　従業員福祉・意識高揚

　人気の選手やチームを企業が支援することは，その企業の従業員にとっても，誇りや一体感の醸成につながる。それが自分がファンのチームであればなおさらだが，そうでなくても，自社のロゴ付きのユニフォームで活躍する選手・チームを目にすれば，従業員としても誇らしい気持ちになり，企業に対するロイヤルティが高まるし，従業員一丸となって応援することで連帯感や帰属意識も強まる。

　以上のような抽象的なメリット以外に，より直接的に，企業が先に述べたホスピタリティプログラムに加入した上，従業員福祉の一環として，観戦チケット等の特典を従業員に与えるケースもある。また，研修や人材交流の一環として，従業員をイベント運営のボランティアとして参加させてもらうアレンジもある。スポンサーシップを通じた，これらの個人単位では得がたい経験は，やはりロイヤルティ・帰属意識の向上につながり，従業員の意識高揚の面でも効果がある。

　例えば，アメリカのクレジットカード会社のDiscoverは，本社を置くシカゴのNHLチームであるブラックホークスが2012年に優勝した際，NHLのスポンサーであったことを活かして，優勝トロフィーを本社に招き，従業員がトロフィーと記念写真を撮れる社内イベントを開催した。同社は他にも，タイトルスポンサーであった大学アメフトの大会がマイアミで行われるに際して，従業員に観戦旅行のプレゼントを実施している。また，運送会社のUPSは，安全面

で模範的な記録を有する配達ドライバーに対して，UPSがスポンサーする大学チームのアメフトやバスケの試合開始時に審判にボールを届けるという名誉な役割を与え，ドライバーの士気高揚につなげた[22]。

　企業によるスポンサーシップへの取組みは，既存の従業員との関係のみではなく，新入社員のリクルートにおけるアピールにもなるだろう。若者が身近に感じやすいスポーツとの関連性を通じて，企業に興味を持ってもらうきっかけになるし，スポンサーメリットによる従業員向けの特典やイベントの存在は，ユニークな従業員福祉として好感を持ちやすく，他の企業との差別化を図りうる。

　例えば，大手コンサルティングのデロイトは，2011年，米国オリンピック委員会のスポンサーとして，17校の大学でオリンピアン・パラリンピアンによる講義を実施するツアーを行った。これは学生のキャリア構築を支援するとともに，デロイトに興味を持ってもらい将来のリクルートにつなげるための取組みであった[23]。

(5)　CSR/CSV

　スポンサーシップを通じて企業の社会的責任（CSR）を果たすことを目的の1つとするケースも多い。直接的には，障害者スポーツや地域スポーツのように公益的な意義も大きいスポーツの場合，そのスポンサーをすること自体がCSR活動の一環となりうる。

　例えば，あいおいニッセイ同和損保は，障害者スポーツの支援プロジェクト「AD Challenge Support」を立ち上げ，日本障がい者スポーツ協会のオフィシャルパートナーをはじめ，多くの団体や選手のスポンサーとなっている。これらの取組みが評価され，同社は，東京都が実施している，従業員スポーツの推進やスポーツ分野での社会貢献活動を行う企業等を対象とした「東京都スポーツ推進企業認定制度」のモデル企業に5年連続で選出され，「東京都ス

22　これらの他の例も含め，Erik Spanberg "Employee benefits" SBJ 2012年3月26日号参照。
23　John A. Fortunato "Sports Sponsorship: Principles and Practices" 112-114頁。

ポーツ推進殿堂入り企業」となっている。

　もっとも，スポーツスポンサーシップを通じたCSR活動の形は，より多様である。特に，ライツホルダー自体によるCSR活動が盛んなアメリカでは，プロスポーツリーグやチーム自身が主体となって行う慈善活動に企業が協賛したり，リーグやチームと企業が社会貢献活動を通じてコラボしたりするケースも多い。

　例えば，MLBは，先進的ながん治療の研究・支援を行う団体であるStand Up To Cancerと2009年からパートナーシップを組み，多額の寄付を行っている。そして，大きな注目が集まるワールド・シリーズの試合中には，それぞれの選手・観客が，がんと闘う身近な人の名前を記入した"I Stand Up For 〜"というプラカードを一斉に掲げるイベントが恒例となっている。このイベントには，同様にStand Up To Cancerの支援を行っているMastercardも参加しており，掲げられたプラカードにはそのロゴが記され，国民的イベントを通じて自社のCSRへの取組みを広く社会に知ってもらう格好の機会となっている。

　また，近年，ソーシャルメディアマーケティングと組み合わせて比較的よく行われているのは，スポンサーシップに関連したツイート等のengagement数に応じてスポンサーが寄付を行うようなキャンペーンである。例えば，全米最大のスポーツイベント，NFLのスーパーボウルのスポンサーであるペプシは，2019年のゲームに向けたキャンペーンとして，#ColaTruce等の指定のハッシュタグを使用したツイート1投稿ごとに1食分の食事を慈善団体へ寄付することを公表し，結果として130,000食分の寄付を行った[24]。このように国民の関心が集まるスポーツをうまく絡めることで，ただ単純に寄付を行って企業ホームページで公表するだけよりも，はるかに効果的かつ多数の人に自社のCSRの取組みをアピールすることができる。

　そのほか，スポンサーシップを，昨今改めて是正が叫ばれているスポーツに

24　この年のスーパーボウルは，ペプシの最大のライバルであるコカ・コーラの本拠地アトランタで行われた。これにより両社のPR合戦は苛烈を極めると予想されたが，ペプシはこれを逆手に取り，現地に設置されたコカ・コーラ創業者の銅像と乾杯するようにペプシ創業者の銅像を設置する等，この国民的イベント中の一時的な停戦（Truce）をコカ・コーラに持ちかける異例のキャンペーンを打ち，大きな反響を得た。

おける男女格差等，スポーツにも関連した社会問題の解決への取組みと位置づけるケースもある。世界最大のビールメーカーであり，スポーツスポンサーシップの取引金額においても全米トップクラスであるAnheuser-Busch InBev社は，2021年8月，そのビールブランドの1つであるMichelob ULTRAに関して，広告では男女の選手を必ず同程度起用すること等を通じて，今後5年間において女性スポーツの認知向上のために1億ドルの支援を約束すると公表した[25]。さらに，半年後の2022年2月には，同社は，別のビールブランドのBusch Lightに関して，従前スポンサーしてきたNASCARにおいてトップレベルの女性ドライバーがいないという男女格差を是正するため，女性ドライバー支援のための"Accelerate Her"プログラムを立ち上げ，3年間で1,000万ドルのスポンサーシップを約束した[26]。スポーツにおける男女格差の是正，ダイバーシティの推進という喫緊の課題解決に向けた画期的な取組みであり，もし日本でも企業が類似の取組みを実施すれば先駆的であり，インパクトは大きいのではないだろうか。

　もちろん，CSRに限らず，近年注目される，企業の本業の強みをより生かした取組みを通じて競争力向上と社会貢献を達成するCSV（Creating Shared Value）の面でも，スポーツスポンサーシップを利用した活動は効果的である。2019年に日本ハムがEPLのリヴァプールFCと結んだパートナーシップは，クラブが行うフードバンク事業の支援を含んでおり，これはCSVの一例と言えるが，世界的人気クラブとのパートナーシップを通じた取組みとすることで，世界中のファンベースを含む莫大なオーディエンスに向けて自社のメッセージを発信できるメリットがある。

25　Anheuser-Busch "Michelob ULTRA Commits $100 Million To Support Gender Equality In Sports" 2021年8月26日付プレスリリース〈https://www.anheuser-busch.com/newsroom/2021/08/michelob_ultra_commits_100_million_to_support_gender_equality_in_sports/〉。

26　Anheuser-Busch "Busch Light 'Accelerate Her' Program Will Sponsor Every 21+ Woman Driver In Nascar" 2022年2月14日付プレスリリース〈https://www.anheuser-busch.com/newsroom/2022/02/busch-light-accelerate-her-program-will-sponsor-women-in-nascar/〉。

**コラム　Title IXと女子March Madness　―米国スポーツ
と男女平等②―**

　近年の米国スポーツにおいて男女格差是正の動きが加速していることは上記(2)
のコラムでも述べたとおりだが，米国スポーツにおける男女平等を語る上では，
教育における性差別を禁止するために1972年に成立した連邦法であるTitle IX
（Title IX of the Education Amendments of 1972）の存在を欠かすことはできな
い。Title IXは，「合衆国におけるいかなる者も，連邦政府の財政援助を受けて
いる教育プログラムまたは活動において，性別に基づき，参加や利益の享受を拒
否されまたは差別されてはならない」[27]と定めている。つまり，連邦政府の財政
援助を受けている教育機関（事実上ほぼすべての大学が含まれる）においては，
スポーツに関連する点を含め，男女の機会均等が保証されており，また，Title
IXに違反した場合には，連邦政府の財政援助を打ち切ることができるとされて
いる。これにより，教育機関におけるスポーツへの女性参加率の飛躍的な上昇等，
アメリカの女性スポーツの発展に大きく寄与したと言われている。

　そして，近年，全米トップ大学により競われるNCAAバスケットボールトー
ナメントでの男女の待遇の格差が明るみに出たことをきっかけとして，学生ス
ポーツにおける男女格差が改めて議論となっている。2021年3月のトーナメント
において，女子トーナメントの出場校であるオレゴン大学の選手が，トーナメン
ト側が用意した，だだっ広いスペースの端に一山のダンベルが置かれたのみの女
子用のウェイトルームと，多数の立派な器具が置かれて充実した様子の男子用の
ウェイトルームを比較したビデオをTikTokに投稿した。この投稿は全米で瞬く
間にバズを生み，さらに，ウェイトルームに限らず，食事，コロナ対策，プロ
モーション等の様々な面で，女子の出場選手が男子に比べて不平等な扱いを受け
ていることが取り上げられるに至った。

　これを受けて，トーナメントを統括するNCAAは，女子用のウェイトルーム
をアップグレードするなどの改善をただちに行うとともに，NCAAにおける男
女格差問題の徹底的な外部調査を法律事務所に依頼した。その後，公開された報
告書では，大部にわたり，NCAAの構造や文化がいかに男女間の格差を生み出

27　"No person in the U.S. shall, on the basis of sex, be excluded from participation in, be
　denied the benefits of, or be subjected to discrimination under any education program or
　activity receiving Federal financial assistance."

してきたかが詳らかにされ，その改善のための様々な提言がなされた[28]。

　2022年3月のNCAAバスケットボールトーナメントでは，早速，男女格差是正のための数々の施策が採られた。具体的には，毎年3月に全米が熱狂することを捉えたアイコニックな"March Madness"とのブランディングを男子トーナメントのみではなく女子トーナメントにも使用することや，女子の出場校数を男子に合わせて増やすこと，参加選手への配布が恒例となっているギフトセットの内容を男女同等にすること，NCAAの男女それぞれのバスケットボール担当スタッフ数を同じとすること等である[29]。さらに，NCAAのスポンサーたちもこの動きに呼応し，トーナメント史上初めて，17社すべてのスポンサーが男子と女子の両方のトーナメント開催地でそれぞれアクティベーションを実施した[30]。

　もちろん，これは長らく存在してきた学生スポーツにおける男女格差の是正に向けた一歩にすぎないし，学生スポーツに限らず，スポーツ一般における男女の格差や差別の問題は様々な面に存在する。しかし，米国では，その是正に向けた努力が近年確実に進んでいると言うことはできよう。

　そして，スポーツビジネスの観点からそのような是正を後押しするためには，女性スポーツが多くのファンを獲得して自立的な収益構造を確立するための方策を，常に模索することが重要ではないだろうか。競技のエンターテインメント性という観点では，同じスポーツであれば，たしかにスピードやダイナミックさにおいて男子に勝ることは難しいかもしれないが，必ずしも男子と同じ土俵で戦う必要はない。女子スポーツならではの魅力を活かしたり，より前衛的・革新的なルールや見せ方を採用したりと，既成概念に囚われないクリエイティブな仕掛けも検討に値するように思われる。

　日本においても，社会における女性活躍の推進は重要な課題であり，日本政府の成長戦略の中核でもある。そして，スポーツが社会に対して持つ影響力・発信力も踏まえれば，スポーツ界の取組みを通じて，社会一般における女性活躍の推進にプラスの影響を与えることが期待されるし，さらには，そのような取組みに

28　Kaplan Hecker & Fink LLP "NCAA External Gender Equity Review"〈https://ncaagenderequityreview.com〉。

29　Billy Witz "Her Video Spurred Changes in Women's Basketball. Did They Go Far Enough?" The New York Times（2022年3月15日）〈https://www.nytimes.com/2022/03/15/sports/ncaabasketball/womens-march-madness-sedona-prince.html〉。

30　Michael Smith "NCAAs feature 100% sponsor activation at men's, women's Final Four for first time" SBJ 2022年4月11日号。

ついて企業が積極的に協働・支援することで，より大きな社会変化を促すことも期待したいところである[31]。

31　スポーツビジネスと女性活躍の関わりについてより詳しくは，加藤志郎＝フェルナンデス中島マリサ「最新実務：スポーツビジネスと企業法務　女性活躍とスポーツビジネス(1)〜(4)―企業活動との関わりも念頭に―」商事法務ポータルSH4268（2023年1月11日），SH4285（2023年1月25日），SH4308（2023年2月8日），SH4324（2023年2月22日）参照。

⑹　直接的なセールスの達成

　スポンサーするイベント会場での自社製品の物販やイベント関係者への独占的販売の権利を得ることで，自社商品・サービスの直接的な売上の達成を目的に含むケースもある。

　もちろん，それだけでスポンサーが支払うスポンサーシップ料よりも高額の売上が期待できるケースは稀であろうが，スポンサーとしては，ブランドの露出・イメージアップ等のマクロな目的に主眼を置きつつも，企業としての一定の売上目標の達成という直接的なメリットを組み合わせることで，実質的な金銭負担を軽減できるし，目に見える数字上の成果による納得感も得られる。

　ちなみに，飲料メーカーがイベント会場，スタジアム，大学キャンパス等の一定の場所において独占的に自社の飲料を販売できる権利を，アメリカでは"pouring rights"と呼ぶ。飲料メーカーは，ライツホルダーや大学に金銭を支払ってpouring rightsを獲得することで，自社のビール，ソフトドリンク等を独占的に販売して売上を得られるのみならず，あわせて，ライツホルダーや大学によるプロモーションを通じたブランド認知・連想のメリットも享受できる。

　例えば，NBAのゴールデンステート・ウォリアーズは，2019年からの新本拠地であるChase Centerについて，2017年にペプシをfounding partnerとする契約を締結し，pouring rightsを与えている。リーグ屈指の人気チームかつ最先端と名高い新本拠地とあって注目度は高く，そのfounding partnerともなると年間最低でも１億ドル程度の価格とも言われている。このパートナーシップによるペプシのスポンサーメリットには，Chase Center内でのソフトドリンクとスナックの独占的販売権，チームロゴの使用権等に加えて，Chase Center内の10,600平方フィート（約1,000㎡）ものラウンジスペースのブランディングの権利（現在はPepsi Clubと名づけられている）が含まれている[32][33]。

　また，独占的・優先的販売による売上の達成という方法のほか，スポンサー

32　John Lombardo "Founding deal gives Pepsi pouring rights, club at Chase Center" SBJ　2017年11月６日号。

の商品の購入やサービスへの登録を条件としてライツホルダーのグッズやチケットが当たるキャンペーン等の実施によって，商品・サービスの売上の増加につなげる方法もあるし，売上以外にも，企業としての具体的な数字目標の達成をスポンサーメリットに含める例として，キャンペーンや抽選等に参加するために，スポンサー企業のメールマガジン等への登録，アプリの無料ダウンロード等を条件とするケースもある。

(7) B2Bのビジネスチャンス

複数のスポンサーがコラボするようなアクティベーションの促進のため，スポンサー同士が交流する機会をライツホルダー側が設けることは珍しくないが，さらに進んで，スポンサー間でのネットワーキング，ビジネスチャンスの獲得をスポンサーシップの目的の1つとすることもある。

多くの大企業をスポンサーに持つNASCARは，スポンサー同士が四半期に1回程度集まり，それぞれのビジネスの紹介，製品・サービスの売込み等を行うことでスポンサー間のビジネスチャンスを生み出す機会として，2004年から"Fuel for Business Council"[34]を開催するなど，スポンサー間の交流の機会を積極的に提供している。いわばNASCARのスポンサーだけが会員になれるサロンのようなものであり，他の優良企業の経営幹部クラスに直接に働きかけられる効果は大きく，実際にスポンサー間での多くの取引につながっている。例えば，NASCARのスポンサーである自動車メーカーのFordは，2012年に，他のスポンサー企業に合計5,500台以上の自動車を販売することに成功した[35]。

単に名刺交換だけの場で終わらないよう，開催頻度，出席者，プログラム内

---

[33] もっとも，pouring rightsと言うと，特に大学等の教育機関のキャンパスでの独占販売・マーケティング権を意識して語られる場合も多い。アメリカの大学等では，主にコカ・コーラとペプシの熾烈な競争を背景に，そのうち一方にキャンパス内での独占販売・マーケティング権を与え，対価として大学等が多額の金銭を受け取る取引が多く行われている。学生時代の飲食の機会・環境は将来にわたる嗜好の決定に大きく影響するため，生涯の消費者の獲得という観点でメーカーにとって非常に価値が高い一方で，学生のソフトドリンクの過剰摂取，肥満，成人病等につながっているとの批判もある。

[34] 設立当時は "B2B Council"。

容等はよく考える必要があるが，うまく機能させることができれば，スポンサー企業において直接的な売上やコスト削減になりうることから，極めて魅力的なプログラムとなる。特に近年，スポンサーシップによる具体的なメリット・ROIがよりシビアに検証されるようになるにつれて，NASCARモデルの導入を図るアメリカのライツホルダーは増えている。

⑻　その他のライセンス・データの利用

　本来的にはスポンサーシップとは切り離した独立のライセンス取引として成立しうるものを，スポンサーシップと組み合わせ，複合的な取引とすることもある。

　例えば，時計メーカーのTimexは，2021年12月にUFCの公式タイムキーパーとなった。これはUFCのイベント放映におけるTimexのロゴ・ブランド露出等のメリットを含むスポンサーシップであると同時に，TimexがUFCのロゴを付した時計等を製造販売するライセンス取引も兼ねている[36]。

　その他，選手やキャラクターを商品化する権利をスポンサーに与えることもある。スポンサーの本来的な製品・サービスのプロモーションのためにライツホルダーのブランド価値を利用する販促物やコラボ製品ではなく，ライツホルダーのブランド価値そのものを商品化する点で，それ単体は本来，スポンサーシップよりライセンス取引としての意味を有するものと言える。ゲーム会社がリーグのスポンサーとなり，所属クラブ・選手の実名を使ったゲームを制作販売するケースもこれに近いだろう。

　これらの商品化のライセンスについては，対価としてスポンサーシップ料とは別途，製造・販売の数量・金額等に応じたロイヤリティを支払うケースもある。

35　The American Business Awards "NASCAR Fuel for Business"〈https://stevieawards.com/aba/nascar-fuel-business〉。

36　Rory Jones "UFC reveals 'seven-figure' Timex global sponsorship" SportsPro（2021年12月13日）〈https://www.sportspromedia.com/news/ufc-timex-sponsorship-licensing-global-deal/?zephr_sso_ott=SbyRrd〉。

　また，近年のアメリカでは，スポーツベッティングの合法化に伴い，ブック
メーカーによるスポンサーシップが急速に増大しているが，そこでは，ライツ
ホルダーが記録・管理するオフィシャルデータの利用権の獲得がスポンサー
シップの大きな目的となっている。ITの発達により，試合の勝敗といった大
きなレベルのみではなく，試合中の個々のプレイも逐一，ベットの対象となり
うるため，オフィシャルデータをリアルタイムで手に入れることはブックメー
カーにとって極めて重要だからである。リーグ等のライツホルダー側としても，
ブックメーカーによるスポンサーシップを受け入れるにあたり，オフィシャル
データを購入することを条件としているケースも多いと言われる。

　その他に近時，話題となっているものとして，選手の脈拍，呼吸等の生体
データの利用権がある。プレイ中でも苦もなく装着可能なウェアラブル端末の
登場により，選手の生体データの収集は技術的にはますます容易となっており，
パフォーマンス向上に活用されているが，その利用の可能性は選手自身のため
だけにとどまらない。

　例えば，2021年5月のPGAツアーのWells Fargo Championshipのライブ中
継では，一部の選手について，同年1月にPGAツアーの公式フィットネスウェ
アラブルとなったWhoopが計測する脈拍数が画面に表示された。ファンは，
プロゴルファーの心理の変化をリアルタイムで感じる楽しみが生まれ，ロー
リー・マキロイ選手が優勝した瞬間には，その脈拍数が急上昇するのを見てと
ることができた[37]。

　このように選手の生体データはファンの新しい楽しみ方につながるし，さら
にその利用権をスポンサーに与えることも考えられる。決定的瞬間の選手の脈
拍数を予想するようなプレゼントキャンペーンを行うことも考えられるし，よ
り実用的・研究目的での利用のために，ウェアラブル端末のメーカー自身やヘ
ルスケア企業にとっても価値がありうる。

　もっとも，生体データは選手にとって極めてセンシティブなデータであり，

---

[37]　Eric Prisbell "Whoop Live and other wearable tech devices are showing the world
　　what being an athlete is really like" SBJ 2021年5月24日号。

その収集や利用を望まない場合も多い。そのため，リーグやクラブがこれらの生体データを収集・利用するにあたっては，選手側との調整を含め，慎重に検討する必要がある。

コラム　アメリカにおけるスポーツ賭博の解禁

　日本においては，競馬，競輪，toto等の公営ギャンブルを除いて，スポーツ賭博については賭博罪（刑法185条）が成立するが，スポーツと賭博の関係は，世界的に議論が尽きない問題である[38]。

　アメリカにおいても，ネバダ州等の一部を除き，スポーツベッティングは原則として禁止されてきた。しかし，2018年5月14日，アメリカの連邦最高裁判所は，スポーツベッティングを禁じる連邦法 "Professional and Amateur Sports Protection Act"（通称 "PASPA"）は合衆国憲法に違反し無効との判断を下した[39]。より厳密には，各州がスポーツベッティングにつき許認可を与えて合法化すること等を禁止するPASPAは，連邦が州に対して特定の法規制を義務づけたり，連邦法の執行をさせたりすることを禁ずる合衆国憲法10th Amendmentに違反するため無効との判断だ。これにより，スポーツベッティングを合法化するか否かは，各州の判断に委ねられることになった。

　スポーツの結果を賭けの対象とすることの問題点は，賭博の蔓延により社会風紀の乱れを招く，ギャンブル依存者や経済的な破綻者が増加する，犯罪組織の資金源やマネロンの手段となる，暴力的行為等の他の犯罪を誘発するといった賭博一般の問題に加えて，特に，match fixing，つまり選手による八百長を助長し，スポーツのインテグリティを損なうという点にある。実際，賭博に絡んで選手が八百長に手を染め，処分されるというケースは世界中で後を絶たない。八百長等の不正検知システムを運用するテック企業のSportradar Integrity Servicesによれば，2021年においては，監視対象とした50万件以上の試合のうち，不正の疑われる試合が，76カ国，10種類のスポーツで，過去最高となる903件検知されており，それらの不正によりベッティングで得られたと推定される利益は約1.65億ユーロとのことである[40]。

　それではスポーツ賭博を禁止すれば済むのかというと，話はそう簡単ではない。アメリカでは，公的には禁止されていても，スポーツを対象とした違法な賭博は広く蔓延し，その規模は年間1,500億ドル以上とも言われていた[41]。また，最近で

---

[38]　スポーツベッティングの日本における合法化の可能性やその議論の整理については，加藤志郎「Call or Fold ？―スポーツベッティング合法化を巡る議論の基礎」法学セミナー（日本評論社）816号参照。

[39]　Murphy v. National Collegiate Athletic Association, 138 S. Ct. 1461 (2018)。

[40]　Sportradar "Betting Corruption and Match-Fixing in 2021"

は，オンラインのベッティングサイトを通じて，年齢等を問わず容易に賭けに参加できてしまう状況が生じていた。

　これらの状況も踏まえると，スポーツベッティングを全面的に禁止するのではなく，むしろ，公的な許認可を通じてブックメーカーを一定の監督下に置き，規制に組み込んでしまうほうが，違法・無秩序なスポーツベッティングの横行を防ぐ観点からは望ましいとの考えもありうる。実態の把握できない「闇賭博」の蔓延を許すくらいであれば，適切に監督され，透明性が保たれたスポーツベッティングを積極的に認めてしまおうということだ。八百長の抑止という観点でも，例えば，スポーツベッティングが広く合法的に行われているヨーロッパ諸国では，実際の参加者の賭けの動きを精密に分析することで，疑わしい試合やプレイを抽出し，八百長の摘発につなげている。

　前述の最高裁判決は，連邦と州の力関係というアメリカ特有の統治構造に関する憲法論によってPASPAを無効としたものであり，スポーツベッティング自体が合法，許容されるべきだという価値判断を示したものではない。スポーツベッティングを合法化するかは，前述のプロコンに加えて，税収の増加という実際上のメリット等も踏まえた各州の判断となるが，合法化の流れは強く，本書執筆時点ですでに約3分の2の州が合法化に踏み切っている。その市場は瞬く間に拡大し，2021年には，全米でのスポーツベッティングの掛け金総額は572.2億ドル，収益は42.9億ドルに達している[42]。

　スポーツベッティング合法化の最も直接的なメリットは，サービス運営により大きな収益が生まれることにあり，公営ギャンブルであれば，その収益は政府等の財源となるし，民間のブックメーカーによる民営ギャンブルであれば，直接にはブックメーカーの収益となるが，そこに課税することで，やはり政府等の財源強化にもつながる。アメリカで解禁されたスポーツベッティングは後者であるが，2018年の合法化以降，すでに15億ドル超の税収となったとされている[43]。

41　American Gaming Association "Americans to Wager More than \$4.6 Billion Illegally on Super Bowl 52"（2018年1月30日）〈https://www.americangaming.org/new/americans-to-wager-more-than-4-6-billion-illegally-on-super-bowl-52/〉。

42　American Gaming Association "2021 Commercial Gaming Revenue Shatters Industry Record, Reaches \$53B"（2022年2月15日）〈https://www.americangaming.org/new/2021-commercial-gaming-revenue-shatters-industry-record-reaches-53b/〉。

43　Matthew Waters "NY Helps US Sports Betting Top \$10 Billion Revenue, \$1.5B Taxes Post-PASPA" Legal Sports Report（2022年7月19日）〈https://www.legalsportsreport.com/73722/us-sports-betting-top-10b-revenue/〉。

　また，スポンサーシップとの関係では，欧州のサッカークラブのユニフォームにブックメーカーのロゴが付されていることは従来から珍しくないし，他にも，米国では，顧客を取り込もうと過熱するブックメーカー間の競争により，関連するメディア広告が増加しており，2021年のギャンブル関連のテレビCMの費用は総額7.25億ドルに上ったとされている[44]。これらのブックメーカーによるスポンサーシップやブックメーカーへの競技データのライセンス等を通じて，スポーツベッティングからスポーツ業界への資金の流入が生まれている。

　もっとも，スポーツビジネスの発展の観点からは，直接的な資金面のメリットとは別に，スポーツベッティングという新たな体験に伴う，新規ファンの獲得やファンエンゲージメントの向上といった，スポーツへの関心の高まりが重要なメリットとなる。スポーツの新たな楽しみ方が生まれ，エンターテインメント性が向上することで人気が上昇し，チケット，放映権，スポンサーシップ，グッズ等の収入の増加につながることが肝要であり，スポーツベッティングはその手段やきっかけの1つにすぎないという観点が大事のように思われる。

44　Avi Salzman "New Data Show Enormous Growth Rate in Gambling Ads" Barron's（2022年 2 月10日）〈https://www.barrons.com/articles/new-data-show-enormous-growth-rate-in-gambling-ads-51644513956〉。

4 経済的な重要性

　スポーツスポンサーシップは近年，世界的に拡大しており，COVID-19の世界的流行により一時的に打撃を受けたものの[45]，その後，日常が戻るにつれて成長を取り戻していると言われる。例えば，アメリカのNFLの2022-23シーズンでは，全32チーム合計のスポンサーシップ収入が約20億ドル（前年2021-22シーズンは約18億ドル），リーグのスポンサーシップ収入と合計で約27億ドルと，過去最高額を記録したとの調査結果もある[46]。

　現代のスポーツ産業において，スポンサーシップ料は，伝統的な収入源であるチケット販売，昨今高騰している放映権料に加えて，スポーツを支える重要な収益源となっている。これはオリンピック，W杯といった世界最大のスポーツイベントでも同様であり，例えば，2016年リオ・オリンピックに向けた2012～2016年の4年間におけるIOCの収入56億ドルのうち，74％を占める放映権収入に次いで，TOPプログラムによるマーケティング収入は18％を占めており[47]，2018年ロシアW杯に向けた2015～2018年の4年間におけるFIFAの収入64億ドルのうち，49％を占める放映権収入に次いで，26％をマーケティング収入が占めている[48]。

　また，そもそも潤沢なチケット収入や放映権料が期待できるスポーツはごく

45　セクター別のスポンサーシップの支出で見ると，2020年に前年比で最も支出の減少が大きいのは最大の支出セクターでもある金融サービス業であり，2019年の126億ドルから69億ドルに減少している。Matt Cutler "Sponsorship spend to fall $17.2BN; Financial Services by $5.7BN" Two Circles（2020年5月18日）〈https://twocircles.com/gb-en/articles/projections-sponsorship-spend-to-fall-17-2bn/〉。
46　Ed Dixon "Study: NFL sponsorship revenue hits record US$2.7bn for 2022/23" Sports Pro（2023年1月11日）〈https://www.sportspromedia.com/news/nfl-sponsorship-revenue-2022-23-sponsorunited/〉。
47　IOC Marketing Report Rio 2016参照。もっとも，これらの収入はあくまでIOCレベルでのTOPプログラムの収入であり，各国のオリンピック委員会レベルでの収入はまた別である。
48　FIFA Financial Report 2018参照。

一部であり，スポンサーなしでは成り立たないイベント等は多い。それらに参加する選手個人にしても，チームからの報酬や大会の獲得賞金以外に，スポンサーシップは選手生活を続ける上で貴重な収入源である。特に，ネットやSNSにより誰でも発信が可能となった現代では，スポーツや選手にとって，必ずしもテレビ放映の有無やスポーツの成績にかかわらず，工夫次第でスポンサーシップ収入につなげるチャンスがある。

　スポンサー企業側としても，消費者の興味・関心の多様化に伴い，テレビCMのようなマスメディアを通じたマーケティングではターゲットとしたい消費者層に効率的に届かない場合もあり，ターゲットを絞った広告活動が重要となっている。また，マーケティングの目的によっては，ただ多数の消費者の目に触れたという「量」よりも，個々の消費者とより密接に関わったという「質」が重要であることも常識となっている。その中で，それぞれユニークで情熱的なオーディエンスを持つスポーツを賢く選択してマーケティングに利用することは極めて効果的であり，これが欧米企業が積極的にスポンサーシップに取り組む理由の1つでもある。

5 ｜ 発展の歴史

　現代のスポーツスポンサーシップの隆盛の端緒となったのは，1984年のロサンゼルスオリンピックだと言われている。従来，公的資金を頼りに運営されていたオリンピックだったが，開催に伴う政府や自治体の財政負担と赤字が深刻化する中で，ロサンゼルスオリンピックは住民の反対により公的援助を得られず，史上初の民間資金により賄われる大会となった。

　これにより，スポンサーシップ収入を最大化する必要に駆られたロサンゼルスオリンピック組織委員会は，スポンサーシップの価値の向上に取り組んだ。それまでのスポンサーシップは，看板の掲出による来場者・視聴者への露出にほぼすべての意味が置かれ，企業にとって単なる広告の1つ程度の認識であった。また，通常，スポンサーの数に制限はなく，オリンピックともなれば数百社もの支援企業が名を連ねることも普通であり，個々の企業にとって他社との差別化等のメリットは希薄であったし，それら多数の各スポンサーが好き勝手にロゴの使用や看板掲出を行い，カオスとなることもしばしばであった。例えば，1976年モントリオール大会では，数の制限なくスポンサーシップを受け入れた結果，スポンサーは628社にも上ったが[49]，開催費用をカバーするだけの収入は得られず，財政的には大きく失敗した大会となった。

　ロサンゼルスオリンピック組織委員会は，このようにスポンサーの数を無制限とすることによる無秩序・混乱を避け，また，カテゴリーごとの独占性を確保するために，スポンサーの数を約30社に限定した。その上で，注意深くカテゴリー分けされ，選定された各スポンサーと綿密に協力してスポンサーシップを作り込むことで，スポンサーメリットの最大化を目指した。

　その結果，組織委員会は，スポンサーシップの価値を劇的に高めることに成功した。コカ・コーラ，マクドナルド，Anheuser-Busch，General Motors等

---

[49] "MONTREAL 1976: Games of the XXI Olympiad Montreal 1976 Official Report" 63頁。

の各カテゴリーを代表する企業がスポンサーとして名を連ね，多額のスポンサーシップ料を収受し，ロサンゼルス大会は財政面で大きな成功を収めることができたし，各スポンサーとしても，組織委員会との協働を経て，看板の掲出のみに頼らない効果的な露出やブランドイメージの向上等の多大なメリットを享受できた。この成功例により，取り組み方次第でスポンサーシップが相互に大きなメリットをもたらすwin-winの取引であることを，企業およびライツホルダーの双方が強く認識することになった。

　それと同時に，スポンサー数の限定やカテゴリーの独占によるスポンサーメリットを実質的に確保するためには，そのカテゴリー唯一の公式スポンサーであると消費者から正しく認知されることが不可欠であり，スポンサーではない競業他社等によるアンブッシュマーケティングへの対策を含む，スポンサー以外の第三者に対するライツホルダー側による厳格な対応や，大会に参加する各国代表チーム・選手のスポンサーシップとの調整のためのルール作りが今まで以上に重要となるなど，課題も浮き彫りとなった[50]。

　その後，多くのライツホルダーがロサンゼルスオリンピックに倣ったアプローチを取り入れ，カテゴリー独占性はスポンサーシップにおいて一般化し，さらに近年ではカテゴリーの細分化等の試みも進んでいる。ライツホルダーによるアンブッシュマーケティング対策等の重要性の理解も浸透するにつれて，その具体的な方法も洗練されていった。さらに，テクノロジーの発展や消費傾向の変化にも合わせて新たなスポンサーメリットが日々考え出されるなど，時代の変化に応じて現在もスポンサーシップは進化を続けている。

---

[50]　1984年ロサンゼルス大会において，高額のスポンサーシップ料を負担することになったスポンサーのすべてが満足したわけではなく，開催費用を賄うために不当に搾取されたと考えるスポンサーもいたと言われ，例えば，アメリカ代表選手団のスポンサーだったリーバイスは，オリンピック・ビジネスからの完全撤退を決めた。マイケル・ペイン著／保科京子・本間恵子訳『オリンピックはなぜ，世界最大のイベントに成長したのか』（サンクチュアリ出版，2008年）130頁。

II

スポーツスポンサーシップの
対象と交渉

1 スポーツの構造とスポンサーシップ

　プロスポーツリーグを構造的に見た場合，①選手がいて，その選手は②チームに所属し，そのチームは③ホーム／アウェイのスタジアムを転戦して，④リーグの中で他チームと競い合い，その試合は⑤TV放送／ネット配信される。また，プロリーグ以外にも，⑥スポーツイベント・ツアーや，そのスポーツ・選手を統括する⑦スポーツ団体（NF，JOC等）もある。

　スポンサーシップは，スポーツを構成するこれら①〜⑦の各レベルのそれぞれを対象としうる。つまり，スポンサーは，個別の選手とスポンサーシップ契約を締結する場合もあれば，チームやリーグまたはスポーツ団体と契約したり，スタジアムやイベントのスポンサーとなったり，さらにはTV／ネット番組のスポンサーとなることもできる。簡単なイメージとしては【図表Ⅱ−1】のとおりである。

【図表Ⅱ−1】スポーツの構造とスポンサーシップ

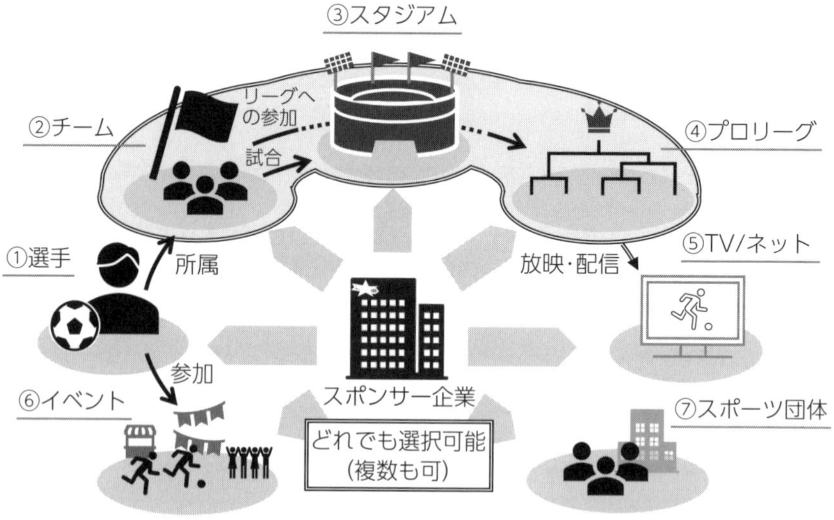

　重要なのは，それぞれのレベルでのスポンサーシップにおいてライツホルダーがスポンサーに与えることができるメリットは異なり，特に，他のレベルのライツホルダーとの関係で制限があるという点である。

　例えば，選手とスポンサーシップ契約を結んだとしても，通常，その選手が所属するチームのユニフォームを着てスポンサーのマーケティングに協力することが当然にできるわけではない。ユニフォームに関する権利はチームが保有しており，選手が自由にそれをスポンサーに利用させることはできないからである。

　逆に，あるチームやイベントのスポンサーになったとしても，当然にその所属選手や出場選手にもプロモーションに協力してもらえるわけではない。スポンサーと直接の契約関係にあるのはあくまでチームやイベントのみであるため，選手の協力を得られるかどうかは，チームやイベントと選手との間の契約次第となり，そこに選手の協力を求める根拠となる内容が含まれていなければ，あくまで選手の任意の協力によるのが原則となる。

　そのため，スポンサーシップ契約の交渉にあたっては，そのライツホルダーがスポンサーに与えられる権利・メリットは具体的にどこまでなのか，他のレベルのライツホルダーとの関係等により何ができて何ができないのか，明確に整理する必要がある。

　これを怠ると，スポンサーとしては，そのライツホルダーを利用して実施したいマーケティングの具体的なイメージがあってスポンサーシップ契約を締結し，スポンサーシップ料も支払ったにもかかわらず，実はそのライツホルダー単独ではそのマーケティングを実現する権利関係がなかった，という事態になりうる。さらには，実際にマーケティングを実施した後になって，関係者から権利の無断利用等として苦情や損害賠償請求を受ける可能性もある。

　ライツホルダー側としても，スポンサーシップ契約上で明確に約束したメリットについて，実際には他のライツホルダーとの関係等から提供ができないとなれば，契約違反として，スポンサーから契約解除や損害賠償を請求されることになりうる。また，そのような他のライツホルダーとの関係における制約

に違反してスポンサーに協力した場合には，他のライツホルダーからの苦情や損害賠償請求にとどまらず，所属するチームやリーグからの資格剥奪や出場停止の処分といった，スポーツ活動自体に影響するような処分を受けるおそれすらある。

　これらの観点から各レベルのライツホルダーのスポンサーシップにおいてそれぞれ特に注意すべき権利関係等については，Ⅲ②を参照してほしい。

　もちろん，選手・所属クラブ・リーグといった関連している複数のレベルで同時にスポンサーとなることは可能である。これにより，各レベルで得られた権利を組み合わせて一貫したマーケティングを行えるメリットがある。

　例えば，楽天は，2017年からNBAとパートナーシップを結んでおり，日本でのライブ中継の独占配信を行っているほか，2019年と2022年には，それぞれ"NBA Japan Games 2019 Presented by Rakuten"と"NBA Japan Games 2022 Presented by Rakuten & NISSAN"としてプレシーズン各2試合がさいたまスーパーアリーナで開催されたが，加えて，NBA屈指の人気クラブであり，2022年のプレシーズンでは来日もしたゴールデンステート・ウォリアーズともパートナーシップ契約を締結し，ジャージパッチのロゴの掲出等を行っている。さらには，ウォリアーズひいてはNBAを代表するスター選手のステフィン・カリー選手個人とも2019年にパートナーシップ契約を締結し，グローバル・ブランドアンバサダーとしての楽天のマーケティングキャンペーンへの登場を含む様々なコラボレーションを実施している。

2 スポンサーシップの選定

(1) スポンサーによる選定

スポンサー企業としては，スポンサーシップに取り組む目的に合わせて，多様なスポンサーシップの中から賢く対象を選択する必要がある。

日本では，特にオーナー企業等が，必ずしも営利企業としての投資対効果を意識せずに，経営者の個人的な興味関心に基づいてスポンサーとなるケースは多いし，欧米でもかつてそうだった。例えば，会社の事業内容はスポーツに一切関係ないものの，オーナー社長が無類のゴルフ好きで，純粋に選手を応援したい，選手と関わりたいといった動機でプロゴルファーをスポンサーするような場合である。これ以外にも，PRを狙いとしない純粋な社会貢献や単に善意に基づくスポンサーシップのケースも少なからずある。

もちろん，これら自体は悪いことではない。ある意味，これこそ経済的な損得を超えて人を惹きつけるスポーツの力とも言えるし，歴史的には，そのように寛容なスポンサーによってスポーツが支えられてきた面もある。

他方で，上場企業をはじめ，ROIが重視され，支出にもシビアであることが投資家から求められるご時世である。スポンサーシップについても，株主その他の投資家から説明を求められた場合に，「なぜあえてそのライツホルダーなのか」を含め，その目的やメリットをなるべく具体的に説明できる必要が高まっている。

この観点からも，企業がスポンサーシップに取り組むにあたっては，解決したい経営課題の明確化，そのためにリーチしたい消費者層の特定，それに合ったファン層を持つライツホルダーの選定，といった基本的なプロセスは極めて重要である。

例えば，大衆向けの従来品と異なり，高級仕様で特に富裕層向けの新製品を発売したが，従来品と同様の大衆向けのメディア広告ではなかなかその層に

リーチできず認知が得られない，というケースであれば，富裕層を多くファンとしているライツホルダーのスポンサーシップは有効な打開策となりうる。あくまで一例だが，ゴルフツアーやテニスのグランドスラムの観客は富裕層の比率が高いとされているから，これらのスポンサーとなり，会場現地でのアクティベーションに力を入れることが考えられる。

　また，スポンサー対象の選定にあたっては，もちろん競技成績は重要な考慮要素となるが，ただ順位や記録がよければよいというわけではない。そのライツホルダーの持つイメージ全体，「ブランド」が重要であり，特に選手の場合であれば，SNS等を通じて競技外の活動も広くファンに知られるようになるにつれて，フィールド上の活躍のみではなく，フィールド外の活動も重要性が増している。

　ちなみに，最近では，スポンサーを探しているが自ら候補企業に売り込むためのアクセスを持たないライツホルダー側と，課題解決のために適切なスポンサー対象を探している企業側を結びつけるためのマッチングサイトなども存在する。

コラム　スポンサーシップをスポーツ界の改革の力に！

選手個人のスキャンダルや，スポーツ団体における暴力・パワハラをはじめ，スポーツ業界の不祥事・スキャンダルは後を絶たない。その際にしばしば指摘されるのは，関係者の適切な処分がなされなかったり，不透明な組織決定がなされたり，さらには不祥事の組織的な隠蔽までなされたりと，スポーツ団体の運営・決定や自浄作用に対する疑問である。

その背景の1つとして，スポーツ業界では，その性質から社会的な注目を集めやすいにもかかわらず，伝統的に，健全な組織運営を確保するための体制，いわゆるガバナンスが十分に整備されていない団体が少なくない点がある。財政的な制約から役員といえども無報酬のボランティアに近いケースも多いため仕方ない面もあるが，団体の組織や運営の基本が理解されていないことで，責任の所在が曖昧なまま，適切な内部プロセスも踏まずに意思決定が行われたり，そのスポーツのOB/OG等の閉鎖的なコミュニティのみにより組織が構成されることで，外部的な視点を意識しない独善的な運営が行われたりするケースが珍しくない。

これらの解決の必要性は古くから叫ばれつつも，一般社会の問題意識とは隔絶された論理で運営されているような，まさにガバナンスに問題のある団体にとっては，真剣に取り組むインセンティブもなく，改革は進んでこなかった。

しかし，近年では，相次ぐ不祥事に伴う社会的関心の高まりを受け，スポーツ庁も，スポーツ団体における適正なガバナンス確保を目的とした「スポーツ団体ガバナンスコード」を2019年に策定・公表するなど，スポーツ団体として本腰を入れてガバナンスを整備することが求められている。

スポンサーしているライツホルダーの不祥事が世を騒がせれば，スポンサーシップの価値は下がるし，それどころかスポンサーのイメージにマイナスにすらなりうる。スポンサーとしては，ただちに契約を打ち切ってそのライツホルダーとの関係を断つ，アクティベーションを中止する等の諸々の対応に迫られる。加えて，一度支払ってしまったスポンサーシップ料の返還を受けたり，ライツホルダーに損害を賠償してもらったりすることもなかなか容易ではない。

スポンサーとして，これらの頭の痛い問題に直面するリスクを減らす観点からは，スポンサーシップを結ぶ前にライツホルダーに関して行う調査が重要となる。

具体的にどのような調査を行うかはケースバイケースだが，スポンサー対象はいわば新しい取引先なのだから，通常の取引と同様の信用調査やバックグラウンドチェックを行うことは自然だろう。また，選手の場合には，近年，SNS上で過

去に問題のある投稿を行っていないかといった身辺調査も重要度を増している。

　この調査の一環として，ライツホルダーのガバナンスも調査し，判断要素に加えてみてはどうだろうか。筆者もいわゆる第三者委員等として不祥事の調査や原因究明に携わるが，ガバナンスの欠如を原因の1つとする事案は非常に多い。逆に言えば，ガバナンスのしっかりしている組織ほど，往々にして役職員のコンプライアンス意識も高く，不祥事が発生するリスクが低い。また，ガバナンスは，同じく不祥事の原因の1つとなることが多い，組織の風土や構成員の意識といった問題に比べて，客観的に調査もしやすい。企業買収において一般的に行われるデューデリジェンスの簡易版を実施するイメージであり，スポンサーシップも企業買収と同じく一種の投資であると考えれば，自然なことかもしれない[1]。

　スポンサーシップの目的として目先の露出ばかりに囚われていると，ライツホルダーの人気や想定される露出量のリサーチのみで満足しがちである。また，ライツホルダーの知名度さえあれば，全く知らない新規の取引先に比べて一定の安心感もあるだろう。しかし，ガバナンスの調査も経て，組織的にも信頼のできるライツホルダーであることを確認できれば，スポンサーシップという相当の投資を行うにあたり，より盤石だ。

　さらに，スポンサー企業がガバナンスを重視するようになれば，ライツホルダー側も，スポンサーシップの獲得または維持のために，ガバナンスの整備に本気で取り組むのではないか。そして，ガバナンスの整ったライツホルダーは，それを自らの強みとし，クリーンで信頼のできる投資先・パートナーとして，積極的にスポンサー企業に売り込むことも可能になるだろう。より発展的には，スポンサーとその株主等のステークホルダーを安心させるため，ライツホルダー側で自らあらかじめデューデリジェンスを実施し，スポンサー向け資料の一部とすることなども考えられるだろう。

　社会的責任や公益的役割といった道義的な議論や公権的なアプローチのみではなく，民間のスポンサーシップを通じた経済的なインセンティブの付与により，積年の課題であるスポーツ界のガバナンス改革が加速すれば素晴らしいことだ。スポンサーマネーのみにとどまらず，スポンサー企業・スポンサーシップがさらにスポーツ界に与えるプラスのインパクトとして，大きく期待したい。

1　近年の不祥事等の実例を踏まえると，例えば，団体・イベントの構造や内部規程，選手との紛争・雇用問題等は対象とすべきだろうか。

(2)　ライツホルダーによる選定

　ライツホルダー側としては，特に資金的余裕がない場合には，スポンサーシップ料さえ払ってもらえればよく，他にスポンサーの選定について贅沢は言っていられないという現実も致し方ない。

　ただ，理想的には，どの企業をスポンサーとするかは，ライツホルダー自身の中長期的なブランディングの観点でも検討する必要がある。ライツホルダーの持つイメージがスポンサーに波及するように，その逆もまた然りで，ライツホルダーとしては，そのスポンサーシップが自らのブランドイメージにどのように影響するか，自らのファンにどう捉えられるかを意識しなければならない。当座の資金のためにごく一時的なスポンサーシップを結び，ライツホルダーの肖像等の使用許諾期間も短期間のみとしたとしても，現代ではインターネット等において容易かつ半永久的にその画像・映像等が残ることになり，ブランドイメージに影響を与え続けうる点も留意したほうがよいだろう。また，次の(3)で述べるexclusivityも考慮し，戦略的にスポンサーの構成を考えることが望ましい。一流のライツホルダーほど，数多くあるスポンサーシップの提案に飛びつかず，注意深く選択を行っている。

　特に，現代の若い世代ほど，そのスポンサーシップがauthenticかどうか，つまり，ライツホルダーとスポンサーの間に，単に表面的な協賛ではない「本物」のつながりがあるかという点に敏感だと言われている。選手が実際にスポンサー製品を愛用していたり，同種の社会貢献活動に取り組んで価値観を共有していたりと，ライツホルダーとスポンサーでお互いにイメージを高め合えるパートナーシップがベストとなる。

　また，タバコ，アルコール，ギャンブル，消費者金融等といったカテゴリーについては，法令や大会・リーグのルールでスポンサーシップが制限されている場合もあるが，それらのルール上は許容される場合であったとしても，ライツホルダー側のブランドイメージの観点から，特に慎重な検討を要する。

　例えば，タバコ会社によるスポーツスポンサーシップは，F1等のカーレー

スをはじめオリンピックに至るまで，かつては積極的に行われており，日本で
も，1964年東京オリンピックの際には，開催費用の一部とするための寄付金付
きの「オリンピアス」と銘したタバコが政策的に販売されるほどであった。し
かし，IOCは1988年には禁煙方針を採択し，その後もタバコ規制が世界的に進
む中で，日本も署名し，2005年に発効したタバコ規制枠組条約13条においては，
タバコのスポンサーシップ等の禁止や制限が謳われている。また，たばこ事業
法40条2項に基づき財務省が公表する「製造たばこに係る広告を行う際の指
針」，日本たばこ協会の自主規制である「製造たばこに係る広告，販売促進活
動及び包装に関する自主規準」においても，タバコのスポンサーシップについ
て一定の制限が定められている。これらはあくまで指針や自主規制であるなど，
タバコ会社によるスポーツスポンサーシップが法律上全面的に禁止されている
わけではないが，ライツホルダー側として，ブランドイメージへの影響を慎重
に見極める必要がある。

　なお，これらのカテゴリーのほか，日本では現状考え難いが，最近の米国で
のユニークな事例としては，大麻の規制を緩和する州の増加に伴い，CBD製
品のカテゴリーのスポンサーシップの事例も増えている[2]。特に，2022年6月に
MLBがアメリカ四大プロスポーツで初めてCBD製品のスポンサーシップを解
禁したことは，業界に衝撃を与えた[3]。

　また，同様に議論があったものの欧米で昨今急激に存在感を増したカテゴ
リーとして，暗号資産がある。暗号資産企業のFTXは，2021年に，MLBとの
間でこのカテゴリーでプロスポーツリーグ初となるパートナーシップ契約を結
び，史上初の審判ユニフォームへのロゴ掲載等の権利を得たほか，MLB選手
会の会社とも契約して選手に関連する権利も獲得した[4]。FTXは，その他にも
同年に，eスポーツで世界有数の人気チームであるTSMのネーミングライツ

2　Terry Lefton "Sponsorship's new frontier: Marijuana" SBJ 2019年5月27日号。
3　その企業が検査機関であるNational Sanitation Foundationの認証を得ていること等を
　条件としている。Terry Lefton "MLB approves CBD sponsorships in landmark change
　for sports leagues" SBD 2022年6月22日。
4　"MLB, FTX cryptocurrency exchange partner" MLB.com（2021年6月23日）。

を10年2.1億ドル，さらにNBAのマイアミ・ヒートの本拠地アリーナのネーミングライツを19年1.35億ドルで獲得し，また，同じく暗号資産取引所のCrypto.comも，ロサンゼルス・レイカーズとクリッパーズの本拠地の旧Staples Centerの20年間のネーミングライツを獲得し，欧州サッカーのPSGとの間では3年2,500〜3,000万ユーロと言われるパートナーシップ契約を締結した[5]。まだまだ暗号資産に馴染みのないスポーツファンも多い中で，トップクラスのライツホルダーのスポンサーシップを通じて効果的にサービスやブランドの認知・信頼度向上を図った例と言えるだろう。

　しかし，その後の2022年11月，FTXは突如として経営破綻した。巨額なスポーツスポンサーシップを多く行っていた同社の破綻はスポーツ業界にも大きなショックを与え，前述のマイアミ・ヒート本拠地のネーミングライツ契約については破産裁判所の決定を経て2023年1月に正式に解除されるなど[6]，各方面で混乱が生じた。そして，暗号資産市場全体の低迷の影響もあり，暗号資産関連企業によるスポンサーシップは沈静化するとともに，ライツホルダー側が注意深くスポンサーを選ぶことの重要性や，不測の事態に備えた契約条項の必要性が，改めて認識されている。

(3)　カテゴリーの独占（"Exclusivity"）

　現代のスポーツスポンサーシップの重要な要素となっているのが，スポンサーによる特定のカテゴリーの独占，いわゆるexclusivity，1業種1社制であ

5　Kellen Browning "A Pro E-Sports Team Is Getting $210 Million to Change Its Name" The New York Times（2021年6月4日）〈https://www.nytimes.com/2021/06/04/sports/esports-name-change-tsm-ftx.html〉，Mike Ives "Staples Center in Los Angeles will be renamed Crypto.com Arena." The New York Times（2021年11月17日）〈https://www.nytimes.com/2021/11/11/business/staples-center-crypto-arena.html〉，Josh Liberatore "PSG signs $30M-plus deal with Crypto.com" SBD 2021年9月9日。PSGとのパートナーシップについては，Crypto.comにおけるPSGのNFTのリリースも含んでいる点が興味深い。

6　Jelani Scott "Heat Announce Temporary Arena Name After Dropping Crypto Exchange, FTX" Sports Illustrated（2023年1月13日）。〈https://www.si.com/nba/2023/01/14/heat-announces-temporary-arena-name-dropping-crypto-exchange-ftx〉。

る。つまり，あるライツホルダーのスポンサーシップにおいては，業種等のカテゴリーごとに各１社のみをスポンサーとし，そのカテゴリーの独占を認めることが通常となっている。

　市場で他社と競争するスポンサー企業にとって，スポンサーシップを通じて同業他社との差別化を図ることには大きな価値がある。そのため，スポンサーシップ契約においては，そのスポンサーの属する業種等の特定のカテゴリーについて，ライツホルダーが他社を重ねてスポンサーとすることはできない旨が合意される。他方，ライツホルダーとしては，そのような独占権を与えることによりスポンサーシップの価値を高め，高額のスポンサーシップ料を手にすることができる。このメリットに着目して最初にexclusivityを本格導入したのは，1984年ロサンゼルスオリンピックの組織委員会だと言われている。

　例えば，オリンピックについては，IOCと契約し，全世界においてオリンピックのマーク・エンブレム使用等のメリットを受けられる，TOPパートナーと呼ばれるワールドワイドオリンピックパートナーが最上級のスポンサーとなり，【図表Ⅱ－２】の例のように，スポンサーごとにexclusivityが与えられる製品・サービスのカテゴリーが定められている。そして，TOPパートナーとは別に，各開催国の組織委員会と契約して国内でのメリットを得られるローカルパートナーが存在するが[7]，IOCのみならず各組織委員会は，TOPパートナーにexclusivityを与えたカテゴリーについては，同業他社をパートナーとすることはできない。

　exclusivityを認める場合，その対象とするカテゴリーの範囲が極めて重要となる。このカテゴリー分けは，業種や製品・サービス等の市場での実際の競合の状況と厳密に一致させる必要はなく，ライツホルダーとスポンサーの合意次第で柔軟に画定できる。例えば，スポンサーが飲料メーカーの場合，「飲料一般」を広く１つのカテゴリーとすることもできるが，日本でも，近年は，少なくとも「ソフトドリンク」と「アルコール飲料」というようなカテゴリー分け

---

[7]　2020東京オリンピックでは，ローカルパートナーは，ゴールドパートナー，オフィシャルパートナー，オフィシャルサポーターという３つのランクに分けられている。

【図表Ⅱ－2】 IOCのTOPパートナーの独占カテゴリーの例[8]

TOPパートナー	独占カテゴリー
トヨタ	車，モビリティー支援ロボット，モビリティーサービス
ブリヂストン	タイヤ，自動車関連サービス，自転車，免震ゴム等
パナソニック	Audio/TV/Video機器
Allianz	保険
P&G	パーソナルケア・家庭用品
Samsung	ワイヤレスコミュニケーション機器，コンピューター機器
VISA	支払サービス，取引セキュリティ，プリペイドカード

をすることが多い。さらに，アメリカでは，カテゴリーの細分化によりスポンサーシップの総収入の最大化を目指す流れもあり，アルコール飲料の中でも「ビール」，「ワイン」，「スピリッツ」等とカテゴリーを分けたり，そのビールの中でも「国内ビール」，「輸入ビール」，「地ビール」等と細分化したりするケースもある。他にも，例えば，総合格闘技のUFCは，近年，スピリッツの中でも，「ウォッカ」，「テキーラ」，「ラム」といったスピリッツの種類ごとにカテゴリー分けを行い，それぞれ別のスポンサー獲得を図っている[9]。技術的には細分化が可能でも消費者の認識において類似カテゴリーとの混同が生じないか，スポンサーの頭数の増加により1社ごとのスポンサーとしての認知の機会が減少してスポンサーシップ全体の価値を損なわないかといった点は，よく検討する必要があるだろう。

　もっとも，このexclusivityはスポンサーシップの性質から所与のものというわけではない。トータルのスポンサーシップ収入の最大化を狙うライツホルダーとしては，exclusivityを与えずに同業種のスポンサーを複数社獲得するほうが総額として大きな収入となるのであれば，あえて1社にexclusivityを与え

8　IOC "The Olympic Partner Programme"〈https://olympics.com/ioc/partners〉等を元に一部のTOPパートナーを対象として筆者が作成。

9　Terry Lefton「UFC toasts eight-figure spirits deal with Nemiroff Vodka」SBJ 2018年9月3日号。

る必然性はない。実際，近年のオリンピックとしては異例のことであるが，2020東京オリンピックでは，「銀行」カテゴリーのゴールドパートナーとして，みずほフィナンシャルグループと三井住友フィナンシャルグループの2社が名を連ねたほか，その他のパートナーの中にも，同一の業種で複数社が存在するカテゴリーがある。

　exclusivityの範囲は，当然，ライツホルダーとしては狭いほうが，スポンサーとしては広いほうが有利であり，スポンサーシップ料との兼ね合いで交渉する重要なポイントとなる。スポンサーとしては，そのカテゴリーのexclusivityによって同業他社と十分な差別化が図れるかを検討する必要がある。

3 スポンサーシップの交渉プロセス

(1) ライツホルダー側の事前準備

　フィールド上で突出した結果を残した選手や世界的なイベント等，伝統的なメディアでの露出が約束されたケースであれば，何もしなくてもスポンサー側からスポンサーシップの打診が来ることもあるだろう。しかし，そうではない通常の場合，スポンサーシップ獲得のためには，まずはライツホルダー側からスポンサー候補に対するスポンサーシップの提案，いわば「売込み」が必要となる。

　その最初の準備は，ライツホルダー自身の特徴を調査・理解した上で，スポンサーに提供できるメリットの項目や内容を整理することである。スポンサーシップという「商品」を売り込む以上，その商品の特徴を自ら徹底的に知ることは当然だろう。

　ライツホルダーの特徴としては，ファンの属性（年齢，性別，家族構成，地域，生活水準，嗜好，等々），メディア・SNS上の露出の有無・程度，イメージ，競技自体や会場の特性等，様々な要素が考えられる。

　例えば，ゴルフのファンは一般的に中年以上の男性が多く，所得水準も高い傾向がある。他方，スケートボードのファンは10代を含む若い年齢層で構成され，好きなスケーターやブランドのフォロー等，デジタルネイティブとしてSNSを活用して情報収集・消費活動を行う傾向が強い。また，Instagramのフォロワー数の多い女性アスリートであれば，競技のみではなくそのライフスタイルにも多くの女性が注目するインフルエンサーとしての側面に強みがある場合も多い。もちろん，会場の広さや看板の数・位置等の物理的な特徴も重要である。

　これらの特徴を踏まえた上で，スポンサーに提供できるメリットを整理する。検討すべきメリットの内容はⅠ3で述べたものが基本となるが，これに限られ

るものではなく，ライツホルダーの特徴を生かしてオープンマインドで考える
ことが重要となる。

　また，スポンサーごとに異なるニーズや予算に対応するため，スポンサーの
ランク分けも検討に値する。最高額のスポンサーシップ料を支払うトップラン
クのスポンサー1社にはイベントの命名権その他の最大限のメリットを与え，
その次のランクのスポンサー数社には一部のメリットの提供とそれに見合った
ミドルレンジのスポンサーシップ料を設定し，最下位ランクのスポンサー数社
にはさらに限定的なメリットの提供と低額のスポンサーシップ料を設定する等
である。ライツホルダーとして獲得したい総額と提供できるメリットのインベ
ントリーに照らして最適化できるよう，柔軟に設計することになる。

　ただし，そのようにランクやメリットを整理し，スポンサー候補企業に提案
できる一定の「パッケージ」がひとまず完成したとしても，次の(2)でも述べる
とおり，実際のスポンサー候補企業との交渉においては，そのパッケージに固
執せず，ライツホルダーが提供しうる価値・メリットを企業の課題解決に最大
限活かすためにはどうすればよいかを検討し，企業の経営課題に応じて柔軟な
調整を図ることが重要となりうる。

(2)　スポンサー候補との交渉

　ライツホルダーがその特徴やスポンサーメリットを整理してスポンサー候補
に提示すれば，スポンサーシップ交渉がスタートする。この交渉は，ライツホ
ルダーとスポンサー候補企業の間で直接に行われるケースのほか，特に日本で
は，企業側は広告代理店を通じて行われるケースも多い。他方で，ライツホル
ダー側もエージェントや代理店が交渉を行うケースもある。

　次のステップとして，そのライツホルダーの特徴やメリットが，スポンサー
候補がビジネス上で抱えている課題の解決や目的の達成のために具体的にどう
役立つかの分析・検討が必要となる。

　これは一義的にはスポンサー候補側の問題であるが，ライツホルダー側とし
ても，スポンサー候補の課題や目的を把握した上で，自らの特徴やメリットを

生かしつつスポンサーの立場に立って提案ができればより説得的であり，スポ
ンサーシップ獲得のチャンスが高まる。特に，具体的なアクティベーションの
内容を含めて積極的にアイデアを交換し，その実現の可否や詳細を協力して詰
めていくことができれば理想的だ。

　また，上記②(3)のとおりexclusivityを与える場合には，1社と契約すれば同
一カテゴリーの他社との契約ができないことから，各カテゴリーに属するスポ
ンサー候補の中でどこに提案するかは慎重に考える必要がある。まずは各カテ
ゴリーで候補になりうる企業をすべてリストアップした上で，それぞれのブラ
ンディング戦略，経営方針や課題をリサーチして，ライツホルダーの提供でき
るメリットとの相性を分析することも重要となる。

　なお，ライツホルダーとスポンサー候補との交渉にあたっては，まず当事者
間で秘密保持契約（Non-Disclosure Agreement, NDA）を締結する場合もあ
る。ライツホルダー側としては，例えば，そのイベントを企画中であることを
秘密にしたい場合や，交渉の中でライツホルダーの営業秘密や選手の個人情報
を明かさざるをえない場合があるし，スポンサー候補としても，そのスポン
サーシップにつき交渉中であることを競業他社その他の第三者に知られたくな
い場合もある。そのため，特に生産的なパートナーシップ作りに向けた本格的
な交渉に入るような際には，不安なく相互に情報共有ができるよう，NDAの
締結を検討すべきだろう。

　また，スポンサーシップ契約の締結に向けて，一定期間，ライツホルダーと
独占的に交渉する権利をスポンサー候補に与えるためや，先行して当事者間で
合意済みの主要条件を明確にすることで交渉を効率的に進めるために，基本合
意書（Letter of Intent, LOI）を締結する場合もある。その場合，LOIを締結
する目的を踏まえて，内容やその具体性の程度，条項ごとの法的拘束力の有無
等を検討する必要がある。

(3)　スポンサーシップ契約の締結

　スポンサーシップは，単純な商品の売買のように物の引渡しと代金の支払で

終わり，というわけではなく，様々な権利・利益のやりとりを含む複合的な取引である。そのため，細かい点を含めて詰めるべき条件は多く，その契約書も相当程度のボリュームとなる。

　スポンサーシップの条件交渉と契約書の作成にどれだけの時間とコストをかけるかは，取引の規模や内容に応じて判断する必要がある。もっとも，一般論として，入念な条件交渉と，それを正確に反映した契約書の作成は，後日の混乱や紛争を避ける上で極めて重要である。

　特に，契約締結後，両当事者が想定していたとおりに物事がすべてうまく進んでいるときはよいが，そうではなく，何かネガティブな事態やトラブルが発生し，その対応について協議する際には，契約書の文言・内容は大きなインパクトを持ちうる。例えば，新型コロナウイルスのようなパンデミックでイベントが中止になった場合，スポンサーシップ料はどうなるのか，無観客試合となった場合はどうか。これらの協議・交渉においては，まずは契約書の内容が出発点になり，そこに書いてあること次第で当事者の立場の強弱は異なる。

　もちろん，非現実的なことを含めてあらゆる事態を網羅した契約書を作成することは非効率であり，その必要はないが，契約社会でありライツホルダーの規模等を問わず詳細なスポンサーシップ契約書が作成されることが通常であるアメリカと比べて，日本のスポーツ業界では，伝統的に，契約書の重要性がまだまだ理解されていない場合も多い。その中で，特にライツホルダー側として，しっかりとした契約書の作成と交渉の能力があることを示せれば，それだけでスポンサーからの信用にもつながる。

　なお，契約書の最初のドラフトを誰が作成するかはケースバイケースであり，当事者の他に代理店やコンサルタントの場合もあるが，一般的に，契約交渉においては，最初のドラフトを作成した当事者に有利な契約となりやすいと言われている。この観点からは，いずれの当事者にとっても，最初のドラフトの作成・提示を担当して交渉の主導権を握ることはプラスとなりうる。

　また，いきなり詳細な契約書のドラフトのやりとりを始めるよりも，まずは主要な条件のみを当事者間で詰めるためのタームシートを作成するほうが効率

的なケースもある。上記(2)で述べたLOIがこれに該当することもある。

　契約の締結が無事完了したら，そこからがアクティベーションの本番だ。すべてのアクティベーションの詳細まで契約書に記載することは不可能であり，契約締結後も，両当事者で引き続きアイデアを出し合って，スポンサーシップの効果をさらに高めることを目指しながら，詳細を詰めていくことになる。

　スポンサーシップは，契約書さえ締結すればただ粛々とそこに書いてあることを実行しておしまい，という取引ではない。両当事者が継続的にコミュニケーションを取って信頼関係を深めつつ，状況に応じた柔軟でクリエイティブな発想と実行により，契約締結後もさらに発展させていくことが求められる。

　また，ライツホルダーとしては，契約上で約束はしていない事項であっても，スポンサーの満足のために任意で追加のメリットを提供することもできる。例えば，余ったチケットを提供したり，チーム練習の見学に招待したりは，在庫やチームの都合さえ調整できれば，ライツホルダーとしては特別な費用もなく実施可能である。スポンサーシップは1回きりの取引ではなく，長期的なパートナーシップとしていくことが理想であるから，その維持・更新のためにスポンサーのさらなる満足を図ることは重要であり，これらのサービスは積極的に検討するべきだろう。

4　スポンサーシップの効果測定・評価

　スポンサーは一定の経営課題の解決のためにスポンサーシップに取り組む以上，実際にスポンサーシップがその目的達成にどの程度の効果があったのかを測定し，検証することは，当然に必要なプロセスである。そして，それは単に「選手が活躍した」，「イベントは大盛況だった」といった抽象的・主観的なものではなく，客観的な事実や数字に基づく必要がある。

　そして，スポンサーの究極的な目的は商品・サービスの売上の増加であると考えた場合，「この大会のスポンサーシップを通じて製品を知った全国の消費者○人が合計○円，製品を購入した」というような数字が客観的に算定可能であれば，成果は明確である。しかし，ウェブ上での広告やキャンペーンをクリックして実際に購入まで至ったようなケースであれば技術的にトラッキング可能ではあるとしても，当然，それですべての購買プロセスをカバーできるわけではないし，スポンサーシップにおいては様々なアクティベーションが複合的に行われることからも，スポンサーシップ・マーケティングによる売上への影響を直接的に測定することは通常難しい。

　そこで，スポンサーシップの効果を評価するためには，来場者・視聴者数，メディア露出の媒体数・サイズ・時間，SNSの表示回数・エンゲージメント数，アンケート結果等，客観的に測定・調査可能な事実や数字が用いられる。

　どの指標を重視するかは，スポンサーシップの目的によっても異なる。

　例えば，新しい企業や製品について単に知名度を上げたいのであれば，来場者・視聴者数やメディア露出の数量等，どれだけ人々の目に触れたかという量的な指標が一応は参考になる。これらの指標はテレビ等の伝統的なメディアとの親和性も高く，旧来から広く参照されており，また，その測定が比較的容易であることからも，現在でも一般的に使用されている。

　他方，単なる知名度の向上を超えたブランドイメージ向上やロイヤルティ獲得の観点からは，露出の量だけで評価するのは不十分であり，どれだけファン

と深い関わりを生み出せたかという，より質的な指標が重要となる。これは
ファンの内心にも関わる主観的・抽象的な側面を含むため，必ずしも客観的な
測定が容易ではないが，例えば，SNS上でのエンゲージメント数や，ファンを
対象としたアンケート等を通じて測定・調査することが考えられる。

　スポンサーシップを最終的に評価するのはスポンサー側だが，これらの調
査・測定は，一般的に，会場やメディア露出を直接に管理しているライツホル
ダー側のほうが行いやすい立場にあることから，一次的にはライツホルダー側
で調査・測定した上でスポンサーに報告する形をとるケースも多い。

　もちろん，ライツホルダー側としては，スポンサーシップの成果をより良く
見せようというインセンティブが働くため，スポンサーとしては，それらの報
告を鵜呑みにせず，独自に客観的な検証を行うことが望ましい。この観点から
も，ある程度規模の大きいスポンサーシップの場合，スポンサーシップの成果
については，独立の第三者的な調査会社やコンサルタントによるレポートの提
出をライツホルダーに義務づけることもしばしば行われる。

　調査・測定結果が出れば，あらかじめ設定していた目標値・KPIに照らして，
スポンサーシップの成果を評価することが可能となる。そして，それがスポン
サーシップの更新のタイミングであれば，その評価を踏まえて，スポンサーと
して，更新するか，それとも更新せず終了するか，また，更新する場合でも次
期に改善すべきものは何か，といった点を判断することになるし，もし更新の
タイミングでなくても，翌シーズンや次回イベントに向けたアクティベーショ
ンの見直し等を検討するための材料となる。

　さらに，実務上必ずしも一般的ではないものの，スポンサーシップの具体的
な成果をよりシビアに捉えるのであれば，目標値・KPIの達成状況に応じて，
契約期間中でも，スポンサーシップ料の調整や，さらにはスポンサーシップの
打ち切り（契約の中途解除）等もありうるように，スポンサーシップ契約上で
規定しておくことも技術的には可能である。この点に関してはⅣ[1](2)も参照し
てほしい。

Ⅲ

スポンサーシップの法律関係

1　スポンサーシップの「法的権利」

(1)　権利関係の理解の重要性

　Ⅰ①(2)で述べたとおり，スポーツスポンサーシップの定義を，「スポンサーが，スポーツに関わる個人や団体の活動・イベント等との関連性を商業的に利用して自らのブランド・商品の認知やイメージの向上等を図る権利を取得し，その対価として金銭，物品またはサービスを提供する取引」と考えると，それを当事者が約束するスポンサーシップ契約の法的性質は，通常は，ライツホルダーのロゴ・マークや肖像等のライセンス契約と，スポンサーのマーケティング活動にライツホルダーが協力するという業務委託契約（サービス提供・準委任契約）の性質を含む，複合的な契約と考えることができる。もっとも，これらのライセンスの活用やサービスの提供を通じ，スポンサーとライツホルダーとの関連性を対外的にアピールできることがスポンサーにとって重要なのであり，この点は，ライセンスを受けた商標や肖像を使用した公式グッズや選手のトレーディングカードの製作販売を目的とするような典型的なライセンス契約や，チケットの販売委託契約や選手のマネジメント契約のように当事者間でのサービス提供そのものに意味があるような業務委託契約とは，それぞれ異なる側面を有する。

　いずれにせよ，スポンサーシップにおいて，スポンサーが対価を支払ってライツホルダーから得ようとする権利は，いわばライツホルダーの「売り物」である。もっとも，この「売り物」たる権利は，多くの場合，動産や不動産のように目に見える有体物ではなく，抽象的・観念的な無体物やサービスである。

　例えば，オリンピックのスポンサー企業が，テレビ・ウェブCMで東京オリンピックのエンブレムを用いつつ「当社は東京オリンピックのゴールドパートナーです」と表明したり，選手のスポンサー企業が自社のポスターに選手の写真を使用したりする場合，ライツホルダーは，これらのエンブレム・肖像を使

用する権利やライツホルダーとの関連性を表明する権利という抽象的・観念的な権利をスポンサーに与える。後者のポスターの例の場合，選手側が適切な写真をスポンサーに提供する場合もあるが，その場合もあくまで「写真」という有体物を引き渡すことが重要なわけではなく，写真とそこに写った選手の肖像をスポンサーが自由にコピー・編集して使用できる点が肝なのである。

　これらの権利が財産的な価値を有し，「売り物」になるためには，第三者が勝手にその権利を利用できないことが必要である。誰でも自由に利用できてしまうのであれば，わざわざスポンサーシップ料を支払ってスポンサーとなる者はいないだろう。特に，これらの権利は有体物ではなく，物理的に独占することはできないため，第三者が勝手に利用することが事実上できてしまう。例えば，無数の企業が大会期間中にオリンピックエンブレムを表示して「当社はオリンピックを支援しています」と好き勝手にCMや看板掲出を行うことも，物理的には防げない。したがって，これらの権利が法律上どのように保護され，独占的な利用が保証されているかは，ライツホルダー，スポンサーの双方にとって極めて重要なポイントとなる。

　そのような保護の中核をなすのが，いわゆる知的財産権である。これは，一定の知的財産の保有者に対しては，独占的な権利を国家が付与し，その保有者が知的財産を自ら利用しまたは対価を得て他人に利用させることで正当な収益を上げられるように設計された法律上の権利である。

　具体的に何がどの範囲で知的財産として保護されるかについては，政策的な側面も大きく，時代によっても変容し，必ずしも自明ではない。また，知的財産権の保護には様々な種類の法律が絡み，それぞれが異なる対象・角度の保護を定めている上，法律の明文上では定められていない権利もある。さらに，そもそもスポンサーシップに関連するすべての権利が必ず何らかの知的財産権によりカバーされるわけでもない。

　そのため，スポンサーシップに取り組むにあたっては，事案ごとに，スポンサーに与えられる各権利の法的性質を理解した上で，その保護の具体的な程度や手段を知的財産権の内容・範囲に照らして検討しつつ，契約上も，それらの

点を意識して各権利につき定める必要がある。

　以下では，一般的にスポンサーの権利に関連する知的財産権その他の法的な権利・保護について簡単に説明する[1]。なお，念のためだが，これらの説明は基本的に日本の法律に基づく日本国内での権利に関するものであって，国際的な展開を有するライツホルダーに関しては，例えば関連する各国においてそれぞれ商標登録を行う等，各国の法制度に照らした対応が必要となる。

(2)　商標権

　ライツホルダーの名称，マーク，ロゴ，エンブレム，マスコット，キャラクター等については，特許庁から商標登録を受けることにより，商標権として保護される。その結果，ライツホルダーからライセンスを受けずにこれらを無断で使用する者に対して，ライツホルダーは，使用の差止めや損害賠償を請求することができるし，逆に，これらについて商標登録をした他者からライツホルダーが商標権侵害を主張されるおそれもなくなる。

　商標権として保護を受けるためには，登録が必要である。具体的には，商標権は，特許庁に出願を行い，審査官による審査を経て登録の査定を受けた後，登録料を納付し，設定の登録がなされることにより発生する。発生した商標権は10年間存続し，その後も更新が可能である。

　商標を登録する際には，その商標をどのような商品・役務に使用するかを指定しなければならない。そして，商標権による保護は，指定された商品・役務についてのみ及び，指定したものと同一または類似した商品・役務以外の商品・役務にその商標が使用されたとしても，商標権に基づき使用の差止めや損害賠償を求めることはできない。例えば，チームのロゴについて指定商品を「洋服」として商標登録していた場合，他人がそのロゴをメガホンに使用して販売したとしても，チームは商標権に基づいて使用・販売を差し止めることは

1　以下で述べる個別の権利・保護以外の一般的な法的救済として，「他人の権利又は法律上保護される利益を侵害した」（民法709条）ものと認められれば，民法上の不法行為として損害賠償等が認められる可能性もある。

できない。そのため，スポンサーシップとの関係では，ライツホルダーとしては，どのような商品・役務の販売・提供を行う企業がスポンサーとなる可能性があるかを考慮しつつ，指定商品・役務を決める必要がある。

また，商標登録を受ける際には，そのマーク等を申請者自身が作成したか，また，申請者がそのマーク等を実際に使用しているかといった事情は原則として考慮されない，いわゆる先願主義であることに注意が必要である。つまり，まだ知名度が低いのでひとまず商標登録をしないままマークを使用し続けて，それなりに認知されてきたのでいざ登録しようとしたら，全く関係ない第三者がそのマークを先に登録していた，ということが頻繁に起こる。そのような場合，無効事由があるまたは登録後一定期間使用されていないとして争うこと等により，最終的にその商標権を排除する方法は残されているものの，そのための時間的・費用的負担は軽くないし，商標を収益化する時機を逸するおそれもある。例えば，2002年に阪神タイガースが「阪神優勝」という文字と図柄を組み合わせた商標（【図表Ⅲ－1】①）を，第25類「被服，ガーター，履物，仮装用衣服，運動用特殊衣服，運動用特殊靴」および第28類「遊戯用器具，おもちゃ，人形，運動用具」を指定商品として出願したところ，一足先に他者が同様の指定商品につき類似の商標（【図表Ⅲ－1】②）を登録していたために，タイガースの商標登録が拒絶されてしまった。その後，タイガースは，他者の商標が無効だとして登録無効審判を請求し，最終的には勝利したものの，2003年のシーズンでまさに18年ぶりにリーグ優勝を飾った時には，まだ無効を争っている最中であった。

商標権による保護に関して，商標権は，他者による，自他識別機能を有する方法での使用（いわゆる商標的使用）を禁止するのみである点にも注意が必要である。つまり，商標権は商標に化体した営業上の信用を保護するものであることから，同一または類似の商標が使われていたとしても，それがあくまでデザインや記述の一部として使用されているにすぎない場合には，商標権侵害に当たらないことになる。

なお，上記のとおり，ロゴ，マーク等は商標登録を受けない限りは商標権と

【図表Ⅲ－1】「阪神優勝」

①

して保護はされないが，下記(6)のとおり，相当程度著名なロゴ，マーク等であ
れば，別途，不正競争防止法による保護を受けられる可能性がある。

　選手の氏名については，パブリシティ権でも保護されうる一方，商標登録す
ることも考えられるが，登録にはその氏名を有する者の承諾が必要とされてお
り（商標法4条1項8号），全国の同姓同名の他人全員の承諾が必要になりう
ることから，現実的には容易ではなく，また，逆に第三者がその氏名について
勝手に登録してしまうおそれも低いことから，あえて登録する必要性も高くな
い。もっとも，2023年に，特にデザイナー名を用いたファッションブランド名
等の商標登録を容易にする観点で，氏名を含む商標の登録要件を緩和する商標
法の改正がなされた。なお，選手の氏名そのものではなく，選手個人のブラン
ドロゴや愛称の登録は，もとより有用となりうる。

(3)　肖像権・パブリシティ権

　人は，その人格の象徴である氏名，肖像等についてみだりに他人に利用され
ない権利（肖像権）を有する。特に，そのような肖像等は，商品の販売等を促

進する顧客吸引力を有する場合があり，この顧客吸引力を排他的に利用する権利がパブリシティ権と呼ばれる。商標権や著作権と異なり，明文で保護する法律はないが，裁判例上で認められている権利である。選手によるエンドースメントは，まさにこの顧客吸引力を活用し，商品の販売等を促進しようとするものであり，肖像権・パブリシティ権のライセンスと言えるものである。

　肖像権もパブリシティ権も，個人の人格権に由来する権利であるため，原則として，個人に帰属する。他方で，人以外の物についてパブリシティ権は認められない。したがって，例えば，競走馬，マスコット・キャラクター等は，その名称，容姿や形状がどれだけ顧客吸引力を有するとしても，商標権，著作権等の他の権利による保護を受けるほかない。最高裁判所も，実在の競走馬の名称を使用したゲームの製造販売が，競走馬の名称等が有する顧客吸引力等の経済的価値を独占的に支配する馬主の権利，いわば競走馬のパブリシティ権を侵害するかが争われた事案において，競走馬等の物の所有権は有体物としての面の排他的支配権であり，その名称等の無体物としての面を直接排他的に支配するものではないため，所有権侵害には当たらず，また，その名称等が顧客吸引力を有するとしても，物の無体物としての面の利用に関しては知的財産関係の各法律が排他的使用権を認めつつもその範囲や限界を明確にしていることなどに照らして，法令等の根拠なく馬主に排他的な使用権を与えることはできないとして，これを否定している[2]。

　肖像権・パブリシティ権の侵害については，裁判例上，侵害行為の差止めと損害賠償の対象とされている。パブリシティ権を侵害するケースとして，最高裁判所[3]は，肖像等が顧客吸引力を有する者は，その肖像等を時事報道，論説，創作物等に使用されることもあり，その使用を正当な表現行為等として受忍すべき場合もあることを考慮し，①肖像等それ自体を独立して鑑賞の対象となる商品等として使用し，②商品等の差別化を図る目的で肖像等を商品等に付し，③肖像等を商品等の広告として使用する等，専ら肖像等の有する顧客吸引力の

2　最判平成16年2月13日民集58巻2号311頁（ギャロップレーサー事件）。
3　最判平成24年2月2日民集66巻2号89頁（ピンク・レディー事件）。

利用を目的とすると言える場合であると述べている。

(4) 著作権

　著作権法上,「思想又は感情を創作的に表現したものであつて,文芸,学術,美術又は音楽の範囲に属するもの」は「著作物」に該当し（同法2条1項1号）,保護される。

　写真や映像は代表的な著作物の1つであり,ライツホルダーは,自ら撮影・作成した写真や映像について著作権を有する。スポンサーシップ契約では,これらの写真や映像をライツホルダーが提供し,スポンサーによる使用を許諾するケースがあるが,そのような許諾なく写真や映像を無断で使用された場合には,ライツホルダーは,著作権に基づき使用の差止め,損害賠償等を請求できる。商標権と異なり,著作権により保護されるために登録は不要である。

　写真や映像の著作権は,原則として撮影者に帰属する。そのため,選手を撮影した写真であっても,撮影者がメディアやファンであれば選手はその写真について著作権を持たないし,試合やイベントをメディアや来場者が撮影した映像について,チームやイベント運営者は著作権を持たない[4]。前者のような選手の写真が,その後,第三者によって勝手に広告等に使用された場合には,選手は著作権ではなく,主に肖像権・パブリシティ権による保護を主張することになる。その意味で,選手のスポンサーシップへの取組みにおいては著作権より肖像権・パブリシティ権のほうがより直接的であると言える。

　また,その写真や映像ではなく,試合やイベントそのものは,どれだけドラマチックな展開であったとしても,「著作物」には該当せず,著作権によっては保護されない[5]。同様に,画期的なルールの新スポーツを企画したり,独創的なイベントのフォーマットを発案したりしても,これらは著作権法により保護

---

[4]　もっとも,試合やイベントについてメディアに撮影を許可する代わりに,その写真・映像の著作権はチームやイベント運営者に帰属することを事前に合意することは可能であり,実際にそのようなアレンジがなされるケースもあるが,そこまではせず,写真・映像についてチームやイベント運営者も一定の範囲で使用できる,という程度の合意がされるケースも多い。

される「表現」ではなく，単なる「アイデア」であるため，「著作物」に該当せず，著作権による保護は及ばない。裁判例でも，「スーパードリームボール」という新スポーツのアイデアを創出した原告が，そのスポーツが被告の映画内において無断で実施されており著作権侵害だと主張して損害賠償を求めたケースにおいて，裁判所は，表現ではなくアイデアにすぎないため著作物に該当しないとして，原告の主張を認めなかった[6]。

　チーム等のマスコット・キャラクターについては，キャラクターそのものは著作権により保護はされないが，キャラクターに関する具体的な表現（例えばそのキャラクターを使ったアニメーション）であれば著作物に該当し，著作権が認められうる。

　チーム等のシンボルマークやエンブレムについては，それが著作物としての要件を充たすものであれば，著作権法により保護されうる。

⑸ ネーミングライツ（Naming Rights）

　ネーミングライツとは，スタジアム，アリーナ等の施設に名称を付与する権利である。これらの施設の名称は通常，施設の所有者が決めることになるが，その所有者からネーミングライツを獲得した企業は，自社の名称や商品名等を施設の名称に付することができ，ブランド認知・連想等のメリットが得られることになる。

5　ただし，例えばフィギュアスケートや新体操のように芸術性や美しさを競うスポーツに関しては，演技の振付を創作した振付師に著作権，それを実演する選手に実演家としての著作隣接権が認められる余地がある。町田樹「著作権法によるアーティスティック・スポーツの保護の可能性：振付を対象とした著作物性の画定をめぐる判断基準の検討」日本知財学会誌16巻 1 号73頁（2019）等参照。

6　東京地判平成13年12月18日（スーパードリームボール事件）。他方，それらを具体的に表現したルールブック等であれば，著作物に該当し，著作権により保護される可能性がある。東京地八王子支判昭和59年 2 月10日判時1111号134頁（ゲートボール事件）参照。ただし，仮にそのように著作権が認められる場合でも，著作権の保護を受けられないルール（アイデア）の部分を多く取り込んだ大同小異の内容とならざるをえないことから，保護範囲は狭い場合が多いと指摘されている。中山信弘『著作権法（第 3 版）』（有斐閣，2020年）58頁。

　ネーミングライツの対象としては，スタジアム，アリーナ等のスポーツ施設以外にも，音楽堂，美術館，劇場その他の文化施設，公園，道路等，様々なものがありうる。企業にとってのネーミングライツの主なメリットが消費者におけるブランド認知・連想等にある以上，多くの人が訪れる，ポジティブな体験を提供する，社会的な意義を有するといった性質を持つ施設等がネーミングライツの対象となりやすいと言えるだろう。

　施設の名称は通常は所有者が決めるという意味では，ネーミングライツは，所有権に由来する権利ということもできる。しかし，ネーミングライツは法律上定められた特別の権利ではなく，その名称が不動産登記に記録されて公示されるわけでもなく，あくまで契約に基づき発生する債権にすぎない。

　つまり，ネーミングライツ契約に基づきネーミングライツを有するからといって，物権のように，施設名称を直接的かつ排他的に支配できるわけではなく，あくまで債務者である所有者に対して一定の行為（給付）を求めることができるにすぎない。そのため，物権のように，第三者に対する妨害排除請求や損害賠償請求ができるわけでもなく，例えば，ファンやメディアが，ある企業にネーミングライツが付与された施設を誤った名称や別の愛称で呼んだとしても，企業がそのファンやメディアに対して直接に何か法的な請求ができるわけではない。

　企業としては，この点を理解した上で，自ら付した名称が世間に正しく認知され，浸透するよう方策を尽くす必要がある。そして，その具体的な方策とも言うべき，新名称のサイン・看板等の施設への設置，新名称の公表や各種放送・記事内での新名称の使用等のメディア対応，交通標識等の公共設備における新名称の表示のための自治体対応等については，所有者との間の契約上で，所有者の義務として具体的に定め，その適切な実施を確保する必要がある。その観点からの典型的な義務としては，【図表Ⅲ－2】のものがあげられる。

　また，このようにネーミングライツはあくまで契約当事者間での債権債務にすぎないことから，スタジアムの所有者がスタジアムの所有権を第三者に譲渡した場合，元の所有者と契約してネーミングライツを獲得していた企業は，新

【図表Ⅲ－2】名称の認知・浸透に向けた所有者の典型的な義務

義務の内容	ポイント
新名称のサイン・看板等の施設への設置やウェブ・グッズへの反映	設置場所，サイズ（より大きい他社のサイン等を設置しないことを含む），デザイン等について可能な限り具体的に定めることが望ましい
新名称の公表	公表のタイミング，内容，方法等は企業のマーケティング戦略上も重要であるため，企業の事前確認やコントロールが及ぶようにしておく必要あり
各種メディア放送や記事における新名称の使用等のメディア対応	放送や記事において新名称が正しく使用されるよう，所有者にてメディアと十分な調整を図り，必要に応じて削除や訂正の依頼も行ってもらう必要あり
交通標識・案内板等の公共設備における新名称の表示のための自治体対応	自治体が必ず対応してくれるとは限らないものの，可能な限り新名称が表示されるよう所有者にて十分な調整を図ってもらう必要あり

　たな所有者である第三者に対して，ネーミングライツを主張することはできない。つまり，譲渡後にどのような名称を使用するかは新所有者の自由となり，ネーミングライツを有していた企業は，基本的に，元の所有者による契約不履行を主張して，解除，損害賠償請求等を元の所有者に対して求めうるのみということになる。そのため，企業としては，そのような所有権の譲渡についてもあらかじめ想定し，譲渡時の取扱いに関して元の所有者との契約上で合意しておくことが重要となりうる。

　ネーミングライツの授与は，施設のスポンサーシップの中では，通常，企業にとって最も大きな価値をもたらす，最上位に位置するものといえる。そのため，ネーミングライツが取引される場合には，施設に名称を付与する権利に加えて，一般的なスポンサーに与えられるものと同等以上のその他のメリット（ホスピタリティ，チケット授与，施設内での独占販売権，施設の無償使用権等）も与えられることが通常である。

　ネーミングライツの取引は米国では特に一般化しており，プロスポーツチームのスタジアムにおいてはネーミングライツが付与されていない場合のほうが珍しいほどである[7]。さらに近年は，本拠地スタジアムとは別に，練習施設につ

いても別の企業にネーミングライツが付与されるケースも多い。契約期間も10〜20年といった長期であることが通常である。

　日本では，スタジアム等の多くが地方自治体等の公有であるため，公募を経てネーミングライツが取引されることも多く，また，契約期間は3〜5年程度の比較的短期の場合が多い。日本における大型スタジアムで最初にネーミングライツが取引されたのは，2002年に味の素がネーミングライツを獲得した東京都所有の味の素スタジアムであり，当初は5年総額12億円で契約され，その後は6年14億円（〜2014年2月），5年10億円（〜2019年2月），5年11億5,000万円（〜2024年2月）で更新されている[8]。

　日本でも現在では多くのスポーツ施設についてネーミングライツが取引されている。現時点で最大のネーミングライツ取引は，日本エスコンがネーミングライツを獲得した，2023年春開業の北海道日本ハムファイターズの新本拠地であるエスコンフィールドHOKKAIDOであり，契約期間は2020年1月から10年以上，契約金額は国内過去最高金額であった日産スタジアムの年間4億7,000万円を超えるものとされている[9]。参考までに，日本プロ野球の各チームの本拠地スタジアムのうち，現在，ネーミングライツが取引されているものは【図表Ⅲ－3】のとおりである。

　なお，スポンサーシップ契約においてスポンサーに与えられる権利の中でも，「○○は，○○選手を応援しています」「○○は○○の公式スポンサーです」といった表示を行う権利のことを，日本では「呼称権」や「呼称使用権」と呼ぶ

7　例えば，MLBであれば，ヤンキースタジアム，ドジャースタジアム，フェンウェイパーク，リグレーフィールドといった特に長い歴史と伝統を有するスタジアム等は，ネーミングライツを付与していない。

8　民間スポーツ施設における日本最初のネーミングライツの取引は，1997年に，西武鉄道が所有する東伏見アイスアリーナについてサントリーがネーミングライツを獲得したケースだとされる。市川裕子『ネーミングライツの実務』（商事法務，2009年）参照。その他，日本における公有のスタジアムにおけるネーミングライツの取引の流れ等についても同書が詳しい。

9　株式会社北海道日本ハムファイターズ「ボールパークエリア名および新球場名決定のお知らせ」（2020年1月29日）〈https://www.fighters.co.jp/news/detail/00002413.html〉。

【図表Ⅲ－3】日本プロ野球の本拠地スタジアムのネーミングライツ

スタジアム名称	企業	契約開始年／期間	金額（総額）	本拠地チーム
エスコンフィールドHOKKAIDO	日本エスコン	2020年／10年以上		北海道日本ハムファイターズ
楽天モバイルパーク宮城	楽天	2023年／3年	6億300万円	東北楽天ゴールデンイーグルス
ベルーナドーム	ベルーナ	2022年／5年	非公表	埼玉西武ライオンズ
ZOZOマリンスタジアム	ZOZO	2016年／10年	31億円	千葉ロッテマリーンズ
バンテリンドーム　ナゴヤ	興和	2021年／5年	非公表	中日ドラゴンズ
京セラドーム大阪	京セラ	2006年（現在まで更新）	非公表	オリックス・バファローズ
MAZDA Zoom-Zoom　スタジアム広島	マツダ	2019年／5年	11億円	広島東洋カープ
福岡PayPayドーム	PayPay	2020年／非公表	非公表	福岡ソフトバンクホークス

ことがある。やや紛らわしいが，これはネーミングライツとは全く異なるものである。

コラム　スポーツと環境問題・SDGs

　世界的に環境問題やSDGs[10]への取組みが強化されている中，スポーツビジネスの世界においても，これらの人類共通の課題の解決に向けた取組みは重要度を増している。例えば，何万人規模のスタジアム等のスポーツ施設については，周辺や地域の環境への影響が大きく，その環境負荷の軽減には近年大きな注意が払われているが，さらに進んで，スポーツの持つ影響力を活用して，これらの課題に関する人々の意識の向上を図ったり，企業としての取組みをアピールしたりする試みも増えている。【図表Ⅲ－4】の施設のように，近年，環境問題・サステナビリティに取り組む企業とネーミングライツ契約を締結し，施設・チームとしても，その施設名称を通じたアピールとともに，実際にその企業と協力して環境負荷の低い施設の実現に積極的に取り組むケースが増えていることも，注目すべきトレンドの1つといえる。

【図表Ⅲ－4】環境問題・サステナビリティの取組みを強調するネーミングライツ

施設名	ネーミングライツ獲得企業	契約年	本拠地とするチーム
Climate Pledge Arena	Amazon	2020年	デンバー・ナゲッツ (NBA) コロラド・アバランチ (NHL)
Footprint Center	Footprint （植物由来の容器等の製造会社）	2021年	フェニックス・サンズ (NBA)
Ball Arena	Ball Corporation （アルミ容器等の製造会社）	2020年	デンバー・ナゲッツ (NBA) コロラド・アバランチ (NHL)

10　2001年に策定されたミレニアム開発目標（MDGs）の後継として2015年の国連総会で採択された「持続可能な開発のための2030アジェンダ」に記載された，2030年までに持続可能でよりよい世界を目指す国際目標。17のゴール，169のターゲットから構成される。

　【図表Ⅲ－4】に挙げたClimate Pledge Arenaについては，Amazonがネーミングライツを獲得しており，そのネーミングライツ料は総額3〜4億ドルとも言われているが[11]，施設名称に自社名（Amazon）を用いていない。そして，AmazonとGlobal Optimismが共同で立ち上げた取組みであり，パリ協定よりも早期にネットゼロカーボンを達成することを誓約する"Climate Pledge"の名称を付けることで，気候変動問題の重要性を訴えることを狙いとしており，極めてユニークな事例である。実際に，Climate Pledge Arena自体についても，非営利団体のInternational Living Future Instituteによるゼロカーボン認証をスポーツ・アリーナで初めて受けることが目指されており，サステナビリティに関して【図表Ⅲ－5】を例とした取組みがなされている。

【図表Ⅲ－5】Climate Pledge Arenaにおけるサステナビリティの取組み例

対象事項	取組み内容
エネルギー	・各種システム等の使用エネルギーを電力に切り替えるなど，化石燃料の通常消費を削減 ・太陽光パネルの設置等により再生可能エネルギー100%を達成
水	・雨水を集めてアイススケートリンクに使用 ・節水仕様のトイレ・シャワー等の導入
廃棄物	・コンポスト，リサイクルの徹底 ・Single-Use Plasticの削減
交通	・公共交通機関のフリーパスの提供

　もちろん，ネーミングライツに関係するものに限らず，スポーツ施設の環境問題・サステナビリティへの取組みは近年広がっている。例えば，2008年に北米のプロスポーツの施設で初めてNationals Parkが国際的な環境認証であるLeadership in Energy and Environmental Design（LEED）の認証を取得し，その後，米国の四大プロスポーツおよびMLSの施設のうち30以上（全体の約25%）が同認証を取得している[12]。日本国内でも，エスコンフィールドHOKKAIDOは，

---

[11] Michael Long "Amazon deal sees Seattle's NHL venue renamed Climate Pledge Arena" SportsPro（2020年6月26日）〈https://www.sportspromedia.com/news/amazon-seattle-nhl-climate-pledge-arena-naming-rights/〉。

[12] David Broughton "LEED program grows with recertifications, benchmarks" SBJ 2022年4月4日号。

DBJ Green Building認証制度において５つ星評価を取得している[13]。

　個々のスポーツ施設・団体等を超えた枠組みも広がっている。IOCは，CO2排出量につき2024年までに30％削減，2030年までに50％削減を目標として掲げるほか，気候変動問題への積極的なコミットメントを表明している。その中の１つの取組みとして，2022年には，気候変動問題に取り組む各国オリンピック委員会や国際スポーツ連盟等を表彰するIOC Climate Action Awardsを立ち上げており，"Climate Action x Sustainable Travel" はAirbnb，"Climate Action x Athlete Advocacy" はP&G，"Climate Action x Innovation" はDeloitteと，各カテゴリーについて関連するTOPパートナーが支援を行っている[14]。これもライツホルダーとスポンサーが協力して環境問題に取り組むことで強いアピールを達成できる好例と言えるだろう。

　気温上昇による開催の可否や場所・時間の変更がたびたび議論となる夏季の屋外スポーツや，一部の地域における積雪の減少が問題となっているスノースポーツなど，環境問題の影響を直接的に受けるスポーツにおいては，より踏み込んだスポンサーシップ・パートナーシップに取り組む例も多い。例えば，資生堂は，気候変動による波の変化や海洋汚染の影響を大きく受けるサーフィンに関して，世界プロサーフィン連盟のWorld Surf Leagueと，同リーグ関連の非営利団体であり海洋保護の推進や啓発活動を行うWSL PUREと協同で，2019年に"SHISEIDO BLUE PROJECT" を立ち上げている。同プロジェクトにおいては，サーフィンの大会への協賛のほか，ビーチの清掃活動や植樹活動のサポート，海洋環境への影響が少ない日焼け止めの研究開発等の取組みがなされており，資生堂は，あわせて，同プロジェクトのアンバサダーとしてプロサーファーの五十嵐カノア選手を起用するなどして，積極的に対外発信も行っている。資生堂も商品展開する日焼け止め製品はサーフィンにおいて必須であり，また，海洋環境にも影響を与えるものであることからも，極めて効果的でauthenticなパートナーシップと言えるだろう。

13　日本ハム株式会社「新球場DBJ Green Building認証５つ星取得〜サステナビリティボンド発行へ〜」(2021年２月１日)。

14　IOC "IOC launches Climate Action Awards"(2022年11月10日)〈https://olympics.com/ioc/news/ioc-launches-climate-action-awards〉。

(6) 不正競争防止法による保護

　ライツホルダーのロゴ，マーク等が他者により無断で使用された場合には，ライツホルダーとしては，商標権等の知的財産権に基づく請求のほか，不正競争防止法に基づき請求を行うことも検討しうる。特に，商標権と異なり，登録を必要としない点にメリットがあるが，その代わり，以下に述べる「周知」または「著名」であること等の要件が必要となる。

　不正競争防止法上，不正競争行為とされるものとして，他人の業務に関する商品または営業の表示（商品等表示）として周知となっているものと同一または類似の商品等表示を使用し，他人の商品または営業と混同を生じさせる行為がある（混同惹起行為。同法2条1項1号）。

　周知かどうかは，ありふれたものではなく特徴的な表示か否か，商品または営業の態様，使用期間等を考慮した個別具体的な判断となる。必ずしも全国的に認知されている必要はなく，一地方で広く認識されている場合でも該当しうる。また，表示の「類似」性については，判例上，取引の実情の下において，取引者または需要者が，両表示の外観，称呼または観念に基づく印象，記憶，連想等から両者を全体的に類似のものと受け取るおそれがあるか否かを基準に判断するものとされている。

　混同の具体的なおそれがあることも必要となるが，この「混同」は，冒用した者とされた者の間に，競争関係に限らず，経済上または組織上，系列関係や提携関係があるとの誤認が生じる場合も含むと考えられているため，実際にはスポンサーではないにもかかわらず，スポンサーシップ関係があると誤解させる場合もこれに該当しうると考えられる。

　また，他人の著名な商品等表示と同一または類似のものを自己の商品等表示として使用する行為も，不正競争行為となる（著名表示冒用行為。同項2号）。つまり，上記の「周知」よりも一段進んで「著名」とまでいえるケースであれば，上記の「混同」の要件が不要ということになる。

　不正競争行為に該当する場合，差止め（3条），損害賠償（4条）や信用回

復措置（14条）の対象となりうる。

　裁判例として，NFLの各チームの名称およびシンボルマークを管理する米国法人であるNFL Propertiesと日本におけるライセンシーが原告となり，これらの名称およびシンボルマークを無断でロッカーの装飾に使用して販売していた被告に対して販売の差止めと損害賠償を求めた事案において，混同惹起行為として不正競争行為の成立が認められている[15]。

(7)　商品化権

　ライツホルダーの名称，肖像，ロゴ，マスコット等を利用した商品を製造・販売する権利である。もっとも，商品化権は，商標権や著作権のように特定の法律に基づき認められる固有の権利というわけではなく，その具体的な法的性質としては，主に，商標権，肖像権・パブリシティ権，著作権等であると考えられる。つまり，商品化権のライセンスとは，ケースに応じて通常これらの権利のいずれかのライセンスであり，ライツホルダーからライセンスを受けずに無断で商品化を行った場合には，これらの権利の侵害として違法となりうる。ただし，他に不正競争防止法による保護も及びうる。

　そのため，保護の範囲や留意点は上記の各権利に関する説明のとおりである。商品化権のライセンス契約においては，期間，地域，ロイヤリティの計算・支払方法や最低保証の有無，契約終了後に在庫を販売できるsell-off期間，販売数等の報告，帳簿の作成・保管と監査権，著作権等の表示，PL保険の有無，独占的なライセンスか否かといったライセンス一般のポイントのほか，ライセンスされる肖像・ロゴ等の特定，対象となる商品の明確化等が特に重要となる。また，ライツホルダーのブランド管理の観点からは，個別の商品のデザイン・素材等についてライツホルダーが事前承諾の権限を持つことが望ましい場合が多いだろう。この点を含め，商品化ライセンスとスポンサーシップについては，いずれもライツホルダーのロゴ，肖像等の使用を一定範囲で許諾するという点

15　最判昭和59年5月29日民集38巻7号920頁（フットボール事件）。

で共通する以上は当然ではあるが，ライツホルダーのブランディングの観点から検討すべきポイントとして共通するものも多い。

⑻　施設管理権

　スタジアム等の施設の管理者は，所有権等を根拠に，その施設について直接かつ排他的に支配して利益を受けることができる施設管理権を有すると考えられている。施設の所有者と主催者が異なる場合には，その間の契約関係により，主催者に施設管理権が与えられることもある。施設管理者は，施設管理権を根拠として，手荷物検査等のセキュリティ対策を実施し，入場や持込みを管理・制限することができる。

　スポーツイベントを放映・配信する権利（放映権）の根拠としても施設管理権があげられる[16]。つまり，施設管理権があるからこそ，第三者による無断での機材の持込み，撮影，放送等を排除できるといえる。

　Ⅳ2⑶で述べるアンブッシュマーケティングとの関係でも，施設管理権は重要となりうる。施設管理権の及ぶ範囲であれば，その中で第三者が勝手に広告看板を設置したり，ビラ配り・サンプル配布等をしたりといった販促活動等を排除しうるからである。

⑼　データの利用権等

　「スポーツテック」という言葉が近年広く使われるようになってきたとおり，テクノロジーの発展は，スポーツビジネスにも大きな影響を与えている。その中でも，例えば，高性能な測定器・カメラやウェアラブル端末を使用してデータを収集し，選手のパフォーマンス向上や故障防止，チームの戦術分析等に役立てるなど，競技成績向上の観点でのデータの活用は，選手やチームの競争力維持・強化のために欠かせないものとなっている。また，それらのデータをライブ中継等のメディアで視聴者向けに表示・利用するなど，より魅力的なコン

16　山崎卓也「プロスポーツ」金井重彦＝龍村全編『エンターテインメント法』（学陽書房，2011年）341頁等。

テンツ作りにも活用されている。

　さらに，欧米において近年，スポーツベッティングの盛り上がりに伴い，選手やチームの競技成績を公式に統計したデータ（スタッツデータ）そのものがリーグ等と事業者の間で取引される機会が増えており，ライツホルダーの新たな収益源となっている。試合中の個々のプレイをベットの対象とするin-game betting（in-play bettingやlive bettingとも呼ばれる）が広まるにつれて，スポーツベッティングの運営事業者にとっては，正確かつ即時のデータの入手・利用が不可欠となっているためである。

　そのため，ライツホルダーにとって，このスタッツデータがどのように法的に保護されるかは非常に重要な問題となりうるが，現行の法制度上，その保護は必ずしも強いものではない。上記(4)で述べたとおり，試合やプレイそのものは「著作物」に該当せず，著作権によっては保護されないほか，スタッツデータが当然に何らかの知的財産権の対象となるものではない。

　また，企業が独自に記録・管理するデータ一般に関しては，営業秘密として不正競争防止法による保護がありうるが，ファン向けにメディアやウェブサイト等で公開されているスタッツデータの場合は，「公然と知られていないもの」（同法2条6項）に該当せず，保護されない。

　不正競争防止法によるその他の保護として重要なものは，「限定提供データ」としての保護である。「限定提供データ」とは，業として特定の者に提供する情報として電磁的方法により相当量蓄積および管理されている技術上または営業上の情報をいう（同法2条7項）。例えば，ライツホルダーが，有料会員の企業やファンだけがアクセスできるサイト上でのみスタッツデータを提供しているものの，それらの会員に対して守秘義務を課していないようなケースでは，そのスタッツデータは「秘密として管理」（同法2条6項）されているものとは言えないため営業秘密としては保護されないが，限定提供データとして保護されうることになる。

　もっとも，ライツホルダーとしては，ファン体験の向上のために，誰でもアクセスできる形でスタッツデータを一般公開するケースが想定されるが，その

場合には，「特定の者に提供する情報として電磁的方法により……管理」して
いるものとは言えず，限定提供データとしても保護されないことになる。

2　各レベルのライツホルダーそれぞれのポイント

(1)　選手

　選手個人をスポンサーするケースであり，Ⅰ①(3)で述べたとおりエンドース
メントと呼ばれる場合もある。選手側の主な義務には，肖像等の使用許諾とい
う受動的な内容と，広告・イベント出演等の協力という能動的な内容が含まれ
る。他方，スポンサー側の主な義務は，資金や用具の提供となる。具体的な契
約内容についてはⅤを参照してほしい。

　選手が使用許諾できる肖像等は，基本的に選手に権利が帰属するものに限ら
れる。そのため，例えば，選手個人の許諾を得たからといって，所属するチー
ムのユニフォームを着た画像・映像を必ずしも使用できるわけではない。ユニ
フォームに関する権利は通常，チームやリーグに帰属するからである。同様に，
選手が出場した大会の画像・映像に関する権利は，それを撮影した主催者やメ
ディアに帰属することが通常であり，その場合，選手の許諾のみに基づいてス
ポンサーが使用することはできない。

　また，本来的には選手個人の自由のように思われる事項であっても，選手に
よる肖像等の使用許諾その他の第三者のマーケティング活動への関与について
は，選手が所属・参加するチーム，リーグや大会のルールとの関係で制限を受
ける場合があるため，事前に確認する必要がある。選手1人の肖像のみを使用
する場合の取扱いと，選手複数名の肖像をまとめて使用する場合（「集団肖像」
や「グループ・ライセンス」とも呼ばれる）の取扱いが異なるケース等もある。
参考までに，いくつかの代表的なリーグ等における選手の肖像等の利用やスポ
ンサーシップに関するルールの一部をまとめたものが【図表Ⅲ－6】である。
ルールは随時変更される可能性があるため，実務上は，常に最新のルールを確
認する必要がある。

【図表Ⅲ－6】選手の肖像等の利用やスポンサーシップに関するルール

リーグ等	ルールの内容
日本プロ野球	【統一契約書16条，日本プロフェッショナル野球協約168条】 ・選手は球団の指示による写真等の撮影を承諾し，また，これに関する肖像権，著作権等がすべて球団に帰属し，宣伝目的のために方法を問わず利用されることを承認する。これにより球団が金銭を受け取る場合，選手は適当な分配金を受け取ることができる。 ・選手による出演，写真撮影の許諾，記事の執筆や後援，商品広告への関与等については球団の承諾が必要。
Jリーグ/Bリーグ	【Jリーグ：日本サッカー協会選手契約書8条，Jリーグ規約97条，127条】 【Bリーグ：選手統一契約書8条，Bリーグ規約90条，110条】 ・選手契約の義務履行に関する選手の肖像等が報道・放送に使用されることについて，選手は何ら権利を持たない。 ・選手はリーグおよびクラブの指名によるクラブ，協会，リーグ等の広告宣伝等に原則として無償で協力する。 ・クラブは，選手の肖像等を利用して商品化を行う権利を有し，協会，リーグ等に対してその権利の許諾もできる。この場合に，選手個人単独の肖像等を利用した商品を製造・有償頒布するときの対価の分配は，クラブと選手の協議で定める。 ・選手によるテレビやイベント等への出演，肖像等の使用許諾，取材の応諾，第三者の広告宣伝等への関与等についてはクラブの事前承諾が必要。これらの場合の対価の分配は，クラブと選手の協議で定める。 ・クラブの所属選手を包括的に用いる場合に限り，リーグはクラブの承認なく選手の肖像等を無償使用できる。
MLB	【Uniform Player's Contract 3(c)】 ・選手は球団が指定する写真等の撮影につき同意し，また，その写真等に関して，すべての権利が球団に帰属し，球団がパブリシティのために方法を問わず利用できることに同意する。 ・シーズン中の選手による出演，写真撮影の許諾，商業製品のスポンサー等については球団の承諾が必要。ただし，球団等に合理的な利益がある場合を除き，承諾は拒絶されない。 ※選手会のグループ・ライセンシング・プログラムにより，選手3名以上の肖像等の商品化，マーケティング使用等のライセンスについては，選手会が権限を有し，管理している。

EPL	【Premier League Contract 4】 ・選手はクラブが合理的に要求するクラブ，クラブのスポンサー，リーグ，リーグのメインスポンサーのプロモーション等のためのイベントに一定限度で参加する。 ・選手としての義務履行中（移動中を含む）は，サッカーシューズとキーパーグローブ以外については，クラブの承認した衣服しか着用してはならず，マークやロゴ等を記載してもならない。 ・選手によるクラブのサッカー関連製品等やクラブのメインスポンサー2社およびリーグのメインスポンサー1社の製品等と競合する製品等に関する競業他社のスポンサーシップ等については原則としてクラブの承諾が必要。 ・クラブは選手の写真や肖像をクラブ・リーグのプロモーションやクラブのサッカー関連製品等の製造販売・プロモーション等に使用できる。
PGAツアー	【Player Endorsement Policy】 ・タバコ，マリファナのスポンサーシップは原則禁止，アルコール，ギャンブル関連のスポンサーシップも一定の制限あり。 ・スポンサーのロゴやマークのサイズ，位置等について一定の制限あり。

　選手個人のスポンサーシップと所属団体の要請との衝突を示すともいえる有名な事例として，1992年バルセロナオリンピックでは，米国オリンピック委員会とReebokの間のスポンサーシップ契約により，アメリカ代表選手は，表彰台ではReebokの公式ウェアを着ることが求められていたところ，ナイキをスポンサーとするマイケル・ジョーダン選手ら一部のバスケ代表選手は，これに反発した。NBAのトップスターで構成されたいわゆる「ドリームチーム」として金メダルを獲得したジョーダン選手らは，最終的には，表彰台で，Reebokの公式ウェアを着つつも星条旗を肩にかけてReebokのロゴを隠すという対応をとった。

　また，同じくマイケル・ジョーダン選手に関する別の事例では，1984年，シカゴ・ブルズに入団したジョーダン選手は，スポンサーであるナイキの，今ではアイコニックとなった赤と黒のシューズを履いて試合に登場した。このデザインは，選手が試合で使用するシューズは白をベースとし，かつ，チームのユ

ニフォームや他のチームメイトのシューズと合うものでなければならないという当時のNBAのルールに反していたため，NBAは，ジョーダン選手に対して，1985年のシーズン中，そのシューズを履いた1試合ごとに5,000ドルの罰金を課すとした。ちなみに，この事案は当時，むしろ絶大な宣伝効果をナイキにもたらすことになり，ナイキは，その程度の罰金をジョーダン選手に代わって支払えば済むのであればシーズン全試合分でも安いと考えていたと言われている[17]。

　前者の事例は米国オリンピック委員会が自らのスポンサーシップとの関係で設けた制限であり，後者の事例はNBAがリーグ全体でシューズのデザインに統一感を出すために設けた制限であり，趣旨は異なるが，いずれも選手個人のスポンサーシップと他のレベルのライツホルダーのルールとの関係が問題になった事案といえる。

　また，オリンピックとの関係では，大会開催期間中における選手による肖像等の使用許諾に関するオリンピック憲章40条付属細則（通称"Rule 40"）に留意する必要がある。Rule 40において，従前，大会期間中に選手が肖像等の使用を許諾することは原則として禁止されていた（つまり，選手個人のスポンサーに対して，大会開催期間中のマーケティング活動のために選手の肖像等を使用させることはできなかった）が，徐々にルールが緩和されており，一定の条件の下で，選手個人のスポンサー等に対しても肖像等の使用許諾ができるようになっている[18]。もっとも，具体的な条件・運用についてはIOCや各国オリンピック委員会のガイドラインを確認する必要があり，事前申請や許可等，現実にはいまだマーケティング上の制約は大きいし，ルールの適用や運用をめ

---

[17] L. Jon Wertheim "The Birth of Air Jordans" SBJ 2021年9月6日号。その後のナイキのテレビCMでは "On September 15, Nike created a revolutionary new basketball shoe. On October 18, the NBA threw them out of the game. Fortunately, the NBA can't stop you from wearing them."（9月15日，ナイキは革新的な新しいバスケットボールシューズを作り出した。10月18日，NBAはそれを試合から排除した。幸運なことに，NBAはあなたがそれを履くことを止められない）とのナレーションが使われるなど，ナイキは見事にこの事案をマーケティングに利用した。なお，NBAにおいては，その後の数度のルール改正を経て，2018-19シーズンからシューズの色は自由となっている。

ぐって混乱が生じることも少なくない[19]。

　例えば，2022年の北京オリンピックのスノーボード女子スロープスタイルで銀メダルを獲得した米国代表のジュリア・マリノ選手は，プラダとスポンサーシップ契約を締結しており，ソールに大きく「PRADA」と記されたスノーボードを使用していた。しかし，マリノ選手によると，そのスノーボードを使用してスロープスタイルで銀メダルを獲得した後，次の出場競技であるビッグエアーの前夜に，IOCからRule 40に違反する旨を告げられ，ビッグエアーに出場するためには「PRADA」の文字を塗りつぶすよう要請された。マリノ選手はこの要請に従ったものの，塗りつぶしによるボードの滑りへの影響を感じ，不安を覚えたとのことで，結局，ビッグエアーを棄権した[20]。

　なお，日本において，テニス，ゴルフ等の個人スポーツのプロ選手が企業に「所属」する旨の所属契約が締結されることがあるが，これは実業団のように従業員として雇用されるという意味ではなく，あくまでスポンサーシップの一種である[21]。所属契約の締結により，通常は，所属企業は単なる一スポンサー以上のスポンサーシップ料の支払やツアー参戦等の費用負担を約束する一方で，選手はより多くの販促活動・企業イベントへの参加等を求められる。また，出

18　従前は付属細則３項において「IOC理事会が許可した場合を除き，オリンピック競技大会に参加する競技者，コーチ，トレーナーまたは役員は，オリンピック競技大会の開催中，その容姿，名前，写真または競技の模様を宣伝の目的で使用させてはならない。」とされていたものが，2019年に「オリンピック競技大会に参加する競技者とチーム役員，チームスタッフはIOC理事会が定める原則に従い，自身の身体，名前，写真，あるいは競技パフォーマンスが宣伝の目的で大会期間中に使用されることを許可することができる。」と改正された。

19　例えば，2020東京オリンピックに関するJOCのマーケティングガイドラインでは，選手のスポンサーによる肖像使用について，JOCへの広告内容の事前申請，承認の取得その他の条件に従ったものであることを要求している。

20　Charlotte Edmonds "A Guide to Rule 40 in the Olympics, How it Impacted Julia Marino" NBC Sports（2022年２月16日）〈https://www.nbcsports.com/bayarea/beijing-2022-winter-olympics/guide-rule-40-olympics-how-it-impacted-julia-marino〉。

21　例えば，テニスの錦織圭選手は，2021年までは日清食品と所属契約を締結していたが，契約満了してフリーとなった後，2022年６月にはユニクロと所属契約を締結した。「錦織圭，ユニクロと所属契約 22年１月からフリー」日本経済新聞（2022年６月９日）。

場大会やメディアによっては選手名とあわせて所属企業名が明示されることが
あり，単なる一スポンサーに比べて大きなメリットとなる。

(2)　チーム

　チームと契約してスポンサーするケースであり，チームに帰属する権利の許
諾等が行われる。使用が許諾されるチーム固有のものとしては，チームのロゴ，
マーク，ユニフォーム，マスコット等が典型である。

　チームの所属選手と直接契約するわけではないため，スポンサーがこれを通
じて選手の肖像等を使用したり，選手によるマーケティングへの協力を得たり
できるかは，選手とチームの間の契約内容やリーグのルール次第となる。

　例えば，日本プロ野球では，統一契約書において，チームの指示により撮影
された選手の写真等に関する肖像権，著作権等はチームに帰属することが定め
られており，これに基づき，選手の肖像権の利用は基本的にチームが一括管理
している[22]。その他のリーグ等の例については，上記【図表Ⅲ－6】も参照し
てほしいが，選手は，少なくとも，チームのスポンサーのためのプロモーショ
ンやイベント等に一定の範囲で協力するよう求められることが通常である。

　また，Ⅰ③(1)で述べたとおり，米国の主要プロリーグでは近年，チームのス
ポンサーシップとして，ジャージパッチが大きな注目を集めている。これは
リーグのルール改正により許容されるようになったものであり，このように，
チームのスポンサーシップについては各チームがすべて自由に決められる，と
いうわけではなく，リーグのルールにより，全チーム共通で，スポンサーの業
種や与えられるメリットの範囲等につき制限が課されうるという関係にある。

　その他，プロスポーツチームとはやや異なる，大学チームのスポンサーシッ
プもある。二大人気のバスケとアメフトをはじめ，大学スポーツが極めて人気
の米国では，強豪大学にはいずれかの大手スポーツアパレルメーカーがユニ

22　このチームによる選手の肖像権管理の是非については議論があり，過去に訴訟でも争わ
　れている（いわゆるプロ野球選手肖像権訴訟。東京地判平成18年8月1日判タ1265号212
　頁）。

フォームサプライヤー・スポンサーとして付いていることが通常である。日本でも近年，大学サッカーの強豪チーム等が有名企業とのスポンサーシップを締結するケースが増えており，また，2019年に設立された大学スポーツ協会（UNIVAS）[23]も通じた大学スポーツのブランド価値の向上も期待されている。

(3) スタジアム・施設

　スタジアム・施設の所有者や運営主体との契約であり，単に看板スペースの使用等のみのケースも含まれるが，最上位といえるのはスタジアム・施設名称のネーミングライツである（上記[1](5)参照）。

　もっとも，スタジアム・施設そのもののネーミングライツ以外に，スタジアム・施設内の一定のエリアやシートに企業名等を付与する権利も取引される。もちろん，スタジアム・施設そのもののネーミングライツに比べればメリットは限定的だが，例えば，特別な観戦体験を提供するVIPシートやラグジュアリなラウンジに企業名を冠することで，訪れたファンの間では，ブランド認知のみならず，高級・ハイクラスといったブランドイメージの醸成を効果的に図りうる。そのような場合，企業としては，単に自社名が付されればよしということではなく，対象のエリアやシートのコンセプト，デザインや実際の運営がブランドイメージに重大な影響を与えうることを踏まえ，それらの決定方法・内容や責任について，スタジアム・施設の所有者・運営主体側と十分な協議を行い，必要に応じて契約書にも反映しておくことが望ましい。

　近年のネーミングライツの取引の場合，命名の権利そのものだけでなく，ホスピタリティ，チケット優遇，スタジアム内での自社製品の独占販売権，スタジアムの無償使用権その他のメリットとセットとなることが通常である。特に，企業名が冠されたスタジアムなのに，スタジアム内では競合他社の製品ばかり売られているというのでは一貫性を欠いて混乱を生み，ネーミングライツの実

23　大学スポーツの振興を目的とし，「日本版NCAA」を目指して2019年3月に設立された団体であり，学業の充実，安全・安心，事業・マーケティングを主な役割として掲げ，加盟団体を大学・競技横断的に統括している。

効性を損ないかねないことは容易に想像できるだろう。

　また，ネーミングライツの獲得に伴うスポンサーの露出等は，そのスタジアム・施設で開催されるイベントの集客，メディア露出等に依存するため，そこを本拠地とするチームの存在や開催されるイベントの数・内容等を一定の条件や保証として組み込むことが多い。

　スポンサーにexclusivityを与える場合（つまり，そのスポンサーの競業他社によるスポンサーシップ，マーケティング等や商業機会を排除する場合）には，その具体的範囲が重要となる。特に，ネーミングライツを与える側の当事者の立場や権限の範囲（例えば，そのスタジアム・施設を本拠地とするチームのオーナーでもあるかなど）にも照らして，チーム・リーグや開催するイベントの各スポンサーとの関係を整理しておく必要がある。公益的側面の強い国際大会等，大会によっては，大会スポンサーの利益を優先するため，企業名が付された会場名称の使用を禁止している場合もある。

　同じ名称が長く継続するほどファンや地域コミュニティに親しまれて定着し，ブランド連想の効果は高まっていくし，名称を変えるためには，看板の撤去，改装，グッズ・販促物の回収等のコストもかかる。さらに，名称の変更がファンの怒りを買うケースすらある。例えば，2022年7月，NFLのピッツバーグ・スティーラーズがHeinzとのネーミングライツ取引を終了してフィンテック企業であるAcrisureと15年間の契約を締結し（契約金額は年間1,000〜2,000万ドルとも言われる），スタジアム名称がHeinz FieldからAcrisure Stadiumに変更されることが発表された際には，Acrisureと異なりHeinzが地元にルーツを有する企業であることや，Heinz Fieldとの名称が21年にわたり親しまれてきたことなどから，一部のファンから大きな反発が生じた[24]。

　そのため，なるべく同一スポンサーのネーミングライツが継続することが当事者双方にとって利益となりうることから，契約終了時の延長オプションや優先交渉権があらかじめ契約上で合意されるケースも少なくない。

---

24 "Heinz wanted to retain Steelers stadium naming rights prior to Acrisure deal" SBD 2022年7月12日。

　新たに建設されるスタジアムの場合，その注目は開発中から高まっていき，完成時には大きなメディア露出が見込めるため，米国では，開発中からネーミングライツが売買されるケースが多い。例えば，NFLのロサンゼルス・ラムズとチャージャーズの本拠地であり，建設費50億ドルで2020年に完成して大きな注目を集めているSoFiスタジアムについては，建設中の2019年に，フィンテックのベンチャー企業であるSoFiが20年間，総額6億ドル以上と言われる巨額のネーミングライツ契約を締結した。この取引には，スタジアム内のATMのブランディングの権利や，モバイル・リテールバンキング等のカテゴリーのexclusivityを含むフィナンシャルサービスパートナーの権利も含まれている[25]。

　企業名等が直接にスタジアム・施設，ひいては本拠地チームのブランドイメージに影響を与えうることにもなるため，その他の一般のスポンサーに比べて，企業側に不祥事等がありイメージの悪化が生じた場合の対策はより重要であり，スタジアム・施設の所有者・運営主体側として契約交渉時に詰めておく必要がある。

　ネーミングライツではなく，伝統的なスタジアム・施設内の看板スペースの使用についても，近年，テクノロジーの発展により柔軟さが増している。例えば，NHLにおいては，カナダのチームがプレイオフに進出し，多数のカナダ国民がメディアを通じてカナダ国内から試合を視聴する場合であっても，試合会場の看板スペースは，通常，アメリカ国内向けのスポンサー企業によって占められてしまい，貴重な広告スペースをカナダ国民向けには活用できない機会損失が生じていた。しかし，近年，試合会場の物理的な看板表示ではなく，放送・配信映像にバーチャルに看板表示を入れ込むことにより，カナダ国内向けの放送・配信においてはカナダ国内向けの広告表示が可能となり，新たな収益化が図られている[26]。同様のテクノロジーは，例えばMLBやNBAの試合を日本

25　Ben Fischer "Naming-rights deal for L.A. stadium gives SoFi 'unprecedented' assets" SBJ 2019年9月23日号。

26　Alex Silverman "Digitally enhanced dasherboard ads are solving old problems and unlocking new opportunities for the NHL" SBJ 2023年4月17日号。

国内で放送・配信する場合等にも活用できる可能性があるだろう。これらの場合，そのバーチャルな看板スペースを各国向けのスポンサーに提供できることによる増収が誰に帰属するかは，スタジアム・施設の所有者や運営主体，チーム，リーグ，放送・配信事業者等の関係者間の契約内容次第と思われる。

　なお，スタジアム・施設のスポンサーシップ一般につき，オリンピックとの関係では，オリンピック憲章53条に定めるいわゆるclean venueの原則により，競技会場等での広告活動が原則として禁止されている点に留意が必要である。

(4)　リーグ

　個々のチームではなくリーグのスポンサーシップであり，典型的には，リーグのロゴやリーグ主催の試合・イベント等に関連するメリットがスポンサーに提供される。

　リーグと個々のチームは別の存在であるため，リーグのスポンサーとなったとしても，各チームのスポンサーとなるわけではない。そのため，リーグがスポンサーに対して各チームにも関連したメリットを提供できる範囲や，リーグがexclusivityを与えたスポンサーと同じカテゴリーの競業他社を個々のチームがスポンサーとできるか否かは，各リーグのルールによる。例えば，各チームのロゴをリーグとチームのどちらが保有しているかもリーグによって異なり，MLB，NFL，NHLでは各チームが自らのチームロゴを保有しているのに対して，NBA，MLSではリーグが保有している。

　この点に関連して，リーグがスポンサーに与えるexclusivityをめぐってリーグとチームの間で争われたケースがある。

　1993年，NFLは，コカ・コーラをリーグの公式ソフトドリンク・スポンサーとする，5年総額2.5億ドルのスポンサーシップ契約を結んだ。当時，各チームのロゴ等はリーグが一括してライセンスすることで価値を高めるとの考えの下，各チームのロゴ等はリーグのみが独占的に使用許諾するルールとなっていた。

　これに対して，リーグ屈指の人気チームであるダラス・カウボーイズのオー

ナーのJerry Jones氏は，一括のスポンサーシップによる収入をチーム間で均等に分配するよりも自らのチーム単独でスポンサーを集めたほうが有利と判断し，1995年，ペプシとの間で，単独で10年総額2,000万ドル程度のスポンサーシップ契約を締結した。これは形式的にはチームのスポンサーではなく，チームの本拠地であるテキサス・スタジアムのスポンサーとすることでルールの抜け穴を狙ったものであった。

　NFLは，Jones氏に対して，単独でのスポンサーシップ等の禁止や3億ドルの損害賠償等を求める訴訟を提起し，それに対してJones氏はNFLの反トラスト法違反を主張する7.5億ドルの反訴を提起するなど，両者は激しく争った。その後，Jones氏はさらに単独でのスポンサーを増やし，他のチームもこれに追随して単独でのスポンサーシップを締結するなど，状況は変転し，訴訟は和解で終結し，これをきっかけに各チームは単独でのスポンサーシップを原則として許されることになった[27]。

　現在，NFLでは，リーグのスポンサーは，リーグのロゴ等を使用できるほか，全32チームのロゴを一括して使用する場合のみ，チームのロゴも使用可能とされている。つまり，個別のチームのロゴのみを使用したい場合には，そのチームと別途契約する必要がある。

　消費者からすれば，同じカテゴリーでリーグとチームのスポンサーが異なる場合，区別がつかないことも想定され，スポンサーシップの実効性が削がれるおそれもある。そのため，リーグまたはチームをスポンサーする場合には，この点のルールを事前に確認した上，そのルールの下でスポンサーシップの目的が十分達成できるかを検討する必要がある。

(5)　TV放送／ネット配信

　テレビ局や配信事業者と契約し，スポーツ中継の間のCM枠を購入したり，例えば「リプレイ presented by ○○」のように，中継内の特定のアクション

27　John A. Fortunato "Sports Sponsorship: Principles and Practices" 133-134頁。

をスポンサーしたりするケースである。

　ライブ中継のCM枠として米国で最高峰であり，毎年大きな注目を集めるのが，NFLのスーパーボウルである。その価格は上昇を続けており，2023年においては，ライブ中継を放映したFOXは，30秒のCM枠を１枠当たり600〜700万ドルで販売したとされている[28]。

　基本的な構造としては，テレビ局や配信事業者は，放送・配信するスポーツについて，ライツホルダーとの契約により放映権を獲得し，対価として放映権料を支払う。そして，テレビ局や配信事業者は，前述のとおり，その中継の間のCM枠をスポンサー企業に販売するなどして収益化を図る。

　CM枠の販売等はテレビ局や配信事業者が自らの責任・リスクで行うことになるが，どれだけ自由な形で販売等できるかは，ライツホルダーとの契約内容にもよる。例えば，ライツホルダー側の希望で，ハーフタイム等の競技停止中ではない，試合やレースの途中でCMを入れることが禁止されるなどの制限が課されることもあり，テレビ局や配信事業者はそれらの制限の範囲内で販売等を行うことになる。ほかにも，ライツホルダー側としては，例えば，イベント自体のタイトルスポンサー等，イベント主催者が契約しているスポンサーとのバッティングを避けるため，テレビ局や配信事業者に対して，その競業他社へのCM枠等の販売を禁止することも考えられる。また，イベント主催者が契約しているスポンサーがCM枠等を優先的に購入できるようにしたり，逆に，それらのスポンサーに対してCM枠等の購入を義務づけたりといったアレンジもありうる。これらの場合，各当事者間の契約の内容が整合するよう留意する必要がある。

　なお，放映権とは，スポーツイベント等を放映・配信する権利のことをいい，その根拠としては施設管理権等があげられるが（上記1(8)参照），誰に放映権が帰属するかは，リーグのルール等によって異なり，イベント主催者のほか，

---

[28]　Michelle R. Martinelli "Why Super Bowl commercials are so expensive, explained" USA Today（2023年２月12日）〈https://ftw.usatoday.com/lists/super-bowl-2023-commercial-cost-money-ratings-history〉。

リーグ，チーム等のケースがある。また，中継映像そのものの著作権とは別物であって，例えば，放映権を獲得したテレビ局が撮影・放送した中継映像について，放映権を許諾したイベント主催者が当然に何らかの権利を有するわけではない。そのため，実務上は，放映・配信に関して誰がどのような権利を持つか，関連する契約全体の中で整理していく必要がある。

⑹　スポーツイベント

　イベント主催者と契約し，特定のイベントをスポンサーするケースである。

　イベントや主催者のロゴ，名称等のライセンスのほか，イベントのタイトルスポンサーとなる権利や「オフィシャルスポンサー」等の名称を使用する権利，会場での看板掲出・ブース設置等が典型的なメリットである。

　タイトルスポンサー等となる権利に対応するライツホルダー側の具体的な義務としては，スポンサー自らがそのように公言することを許諾するという受動的な内容に加えて，ライツホルダー自身やメディア等の第三者がイベントに言及する場合にはそのタイトルで呼ぶこと，ライツホルダーが作成するパンフレット，チケット，ウェブサイト，インタビュー背景（バックドロップ）等においてそのタイトルやロゴを掲載することなどの能動的な内容が通常含まれる。

　ホスピタリティをメリットに含むことも多い。なお，ホスピタリティの実施においても，他のスポンサーのexclusivityの趣旨が害されないようアレンジする必要がある。例えば，ビールメーカーのスポンサーがいるイベントでは，他のカテゴリーのスポンサーがホスピタリティを活用して開催する観戦パーティ等においても，ビールはそのメーカーの商品のみが提供されるよう，それぞれのスポンサーシップ契約の中で整理しておくことが期待されうる。

　また，イベントがどのメディアで放映・配信されるかはスポンサーにとっても重要であるため，その具体的な想定や保証について規定が置かれることもある。

　他のレベルのライツホルダーとの関係では，イベントに参加する選手やチームのスポンサーとのバッティングも生じうる。そのため，イベントのルール・

参加条件として，イベントのスポンサーのexclusivityの及ぶカテゴリーにつき，選手やチームのスポンサーシップに関して一定の制限を付すこと（ユニフォーム等へのロゴの掲出を禁止する等）が考えられる。他にも，例えば，主催者としては参加選手にイベント公式ウェアを着てもらいたいとしても，選手個人のスポンサーとの関係でそれが許されない可能性もあり，事前の調整が必要となる。

(7)　スポーツ団体（NF等）

　NF等のスポーツ団体をスポンサーするケースである。団体の性質に応じて提供できるメリットは様々だが，団体のロゴ等の使用権や団体が企画運営するイベント関連の権利といった典型的なもののほか，特に団体に所属する選手に関連するメリットを提供できるかは，団体の規約等を含む，団体と選手との契約関係による。そこで団体に権利が与えられているか，または選手から任意で権利を得ることができれば，選手の肖像使用やイベント出演等のメリットを団体のスポンサーに提供できることになる。

　特に，団体が小規模で十分な資金もなく，独自に提供できるメリットも多くないマイナースポーツなどでは，小規模であるがゆえの選手との緊密な信頼関係を活かして，選手を巻き込んだ包括的なメリットを提供できる可能性もあるだろう。その他にも，個人競技で，かつ，1人ひとりの選手の人気や注目度が高くないとしても，例えば「日本代表チーム」という形にすることで，団体戦が好きな日本国民の心を捉え，いわば「箱推し」的な人気を獲得できる可能性もあるかもしれない。これらのアレンジにより，団体のスポンサーシップ収入を確保し，そしてそのスポーツの振興に還元することができれば，理想的な取組みとなりうるだろう。

IV

スポンサーシップの
リスク・コンプライアンス

1 　スポンサーシップに関連するリスクと対応方法

⑴　法令その他のルール違反のリスク

　スポンサーによるスポンサーシップへの取組みも企業活動の一環である以上，一般論として，法令の遵守（コンプライアンス）には気をつける必要がある。特に，スポンサーシップとの関係で検討すべきコンプライアンスの問題には，複数の観点がありうる。

　第一の観点は，スポンサーシップに関連して，スポンサー自身が法令に違反しないことであり，その重要性は言うまでもないだろう。この観点では，スポンサーシップを通じたマーケティングの方法や内容との関係で，企業の広告活動一般に適用される法令の遵守が問題となりやすい。これはスポンサーシップに限らないマーケティング一般に関する規制の問題であり，景表法や不正競争防止法などが代表的な法令だが，その他，他人の著作権，商標権，肖像権等の権利の侵害という意味での違法行為にもならないよう注意する必要がある。また，医療関係や食品関係など，特定の商品・サービスの広告に関わる法規制がありうることに加えて，必ずしも「法令」に限らず，各業界における自主規制やガイドラインも問題となりうる。これらの業界特有のルールに関しては，ライツホルダー側よりもスポンサー自身が精通している場合が通常だろう。

　第二の観点は，ライツホルダーによる法令違反が生じた場合の対応である。これには，スポンサーシップに関連する法令違反と，スポンサーシップとは無関係の法令違反の2つのパターンがありうる。前者については，ライツホルダーがスポンサーシップに関連して何らかの違法行為を行ったとしても，ただちにスポンサーがその法的責任を負うわけではない。むしろ，法的には，スポンサーがライツホルダーと連帯して損害賠償等の民事責任を負ったり，さらには共犯として刑事責任を負ったりするケースは例外的と考えられる。しかし，たとえ法的責任は負わないとしても，スポンサーシップに関連したライツホル

ダーによる違法行為が明るみに出れば，スポンサーシップそのもの，ひいては
スポンサーや製品等のイメージやブランディングに重大なマイナスをもたらす
ことは想像に難くない。また，後者のスポンサーシップとは無関係な法令違反
であったとしても，スポンサーシップの主眼がライツホルダーの持つポジティ
ブなイメージの活用にある以上，法令違反によりライツホルダーのイメージが
損なわれ，スポンサーシップの効果を減殺するばかりか，やはりスポンサーや
製品等のイメージやブランディングに有害となりうる。この観点からは，ライ
ツホルダーによる法令違反やその疑いが発覚した場合に，スポンサーシップ契
約上，スポンサーが，契約解除，スポンサーシップ料の減額・返還，損害賠償
等，いかなる手段を講じることができるかが特にポイントとなる。

　第三の観点は，法令の違反ではないが，スポーツスポンサーシップ特有の問
題として，チーム，リーグその他の所属団体，大会，イベント等が定めたルー
ルや選手契約・参加契約に違反しないかの確認である。Ⅱ①でも触れたとおり，
スポーツを構成する各レベルのライツホルダーにおいて，他のレベルのライツ
ホルダーとの関係で課される制約ということになる。例えば，選手の場合であ
れば，チームが定めるルールや選手契約において，チームのスポンサーの競業
他社の製品をエンドースしてはいけないと定められていたり，参加する大会の
ルールにおいて，選手個人のスポンサーのロゴをウェアに表示することについ
て禁止または制限がなされていたりというケースである。これらはあくまでラ
イツホルダーに課される契約上の制約であり，コンプライアンスの問題ではな
いが，ライツホルダーがこれらのルールに違反した場合，出場停止や失格，罰
金等の処分が課されたり，損害賠償を請求されたりする可能性もあり，スポン
サーシップに重大な悪影響を及ぼし，また，スポンサーや製品等のイメージや
ブランディングにマイナスとなることも想定される。

　これらの気をつけるべき法令その他のルールの具体的な種類や内容について
は，下記②でそれぞれ説明する。もっとも，ライツホルダーによる法令やルー
ルの遵守について，スポンサーが直接にコントロールすることは通常難しく，
それがスポンサーシップに何ら関連しない事項であればなおさらである。その

ため，スポンサーとしては，スポンサー対象の選定段階において，ライツホルダーのコンプライアンス意識や体制を可能な範囲で調査し，少なくとも「レッドフラッグ」的な徴候がないかは確認しておくことが望ましい。

　スポンサー獲得を目指すライツホルダー側としても，各企業のポリシーやイメージに照らした相性などの検討に加えて，例えば，日本の実務における一般的な傾向として，大企業・上場企業であるほど，スポンサー対象のライツホルダーの選択においてもコンプライアンスの観点から慎重かつリスク回避的となりうる点などは頭に置いて損はないだろう。

　また，法令やルールの違反に関連したリスクという意味では，スポーツの成り立ちやカルチャーが影響を及ぼすケースもありうる。例えば，若者に人気の新しいスポーツなどの場合，その成り立ちにおいて，ある種の危険行為がルーツになっていたり，立入禁止エリアへの侵入や他人の器物の損傷などをしばしば伴ってきたものであったりして，危険・アウトローといった側面・イメージと容易には切り離せないケースもしばしば見受けられる。そのような場合，単に若者にリーチできるというプラス面のみを見るのではなく，企業や製品のブランドイメージに与える影響の観点で，より慎重な検討が必要となりうる。

(2)　法令その他のルール違反以外のリスク

　スポンサーシップにより期待された目的達成が現実的に不可能になり，またはスポンサーや製品等のイメージやブランディングにマイナスになりうるような事態は，法令その他のルール違反以外にも，様々な形で生じうる。

　2019年2月，当時はアメリカの大学バスケの名門デューク大学のスーパースターであり，ドラフト全体1位でのNBA入りが確実と言われていたザイオン・ウィリアムソン選手は，チームのスポンサーであるナイキのシューズを履いてプレーしていたが，試合中にシューズが壊れてスリップしてしまい，ヒザを痛めるという事態が生じた。ライバルであるノース・カロライナ大学との対戦という全米注目の試合でもあり，そのショッキングな映像は広く拡散し，翌日，ナイキの株価は1％以上も下落した[1]。

　このように，露出が大きく，スポンサーシップが価値を発揮しうる舞台であればあるほど，同時に，そこでの製品の不具合等の発生やプロモーションの失敗は，スポンサーや製品等のブランディングに重大なダメージを与えうる。この点からも，アクティベーションの具体的な方法を含め，スポンサーシップの実施については，緻密な計画や万全の準備が必要となる。

　もちろん，どれだけ事前に検討と準備を重ねても，予期せぬ製品等の不具合や思わぬ形での批判・炎上等が生じることは完全には避けられず，その場合の事後的なPR対応を含むリスク・マネジメントも極めて重要であることは言うまでもない。ちなみに，上記のナイキのケースでは，その後にナイキはシューズの破損について公に謝罪し，また，同年７月には，NBAのニューオーリンズ・ペリカンズに入団したザイオン・ウィリアムソン選手との間で，５年7,500万ドルとも言われるスポンサーシップ契約を締結した[2]。

　スポンサーシップやアクティベーションの方法がファンからの批判の対象となるケースも少なくない。例えば，2004年に，映画スパイダーマン２の劇場公開に合わせて，MLBの試合において，ホームプレート以外の各ベース上にスパイダーマンのマークを描くというプロモーションを行うことが発表された。しかし，野球の伝統や価値観に反するなどとして，ファンからただちに批判が噴出し，結局，公表翌日には，MLBはそのプロモーションを撤回した[3]。

　その他にも，典型的には，スタジアム内やユニフォーム上における企業の広告・ロゴの掲載をどこまで認めるかという問題など，スポーツ本来の魅力，伝統，文化，インテグリティ等に照らして，そのスポンサーシップやアクティベーションがファンにどのように受けとめられるか，スポーツ本来の価値を削

1　Nathaniel Meyersohn "Nike's stock falls after Duke star is hurt as his sneaker comes apart" CNN（2019年２月21日）〈https://edition.cnn.com/2019/02/21/business/nike-zion-williamson-shoe-duke/index.html〉。

2　Alaa Abdeldaiem "Report: Zion Williamson's Jordan Brand Contract Worth $75 Million Over Five Years" Sports Illustrated（2019年７月24日）〈https://www.si.com/nba/2019/07/24/zion-williamson-jordan-brand-shoe-deal-75-million-five-years〉。

3　Darren Rovell "Baseball scales back movie promotion" ESPN（2004年５月６日）〈https://www.espn.com/espn/sportsbusiness/news/story?id=1796765〉。

ぐものではないか，といった点については，ライツホルダーとスポンサーの双方とも気をつける必要がある。

　スポンサーシップがファンや大衆から必ずしも好意的に受けとめられないリスクという意味では，2018年にナイキがコリン・キャパニック選手をプロモーションに起用したケースは非常にユニークである。同選手は，NFLのサンフランシスコ・フォーティナイナーズのクォーターバックだった2016年に，アメリカにおける人種問題への抗議として，試合前の国歌斉唱中にヒザをつくアクション（kneeling）を始めた。このアクションは共感する他の選手やチームにも広がり，翌シーズンにわたり全米を巻き込んだ大論争となるとともに，当時のドナルド・トランプ大統領や保守派の国民からの激しい非難を呼んだ。また，2017年には，フリー・エージェントとなった同選手をどのチームも獲得に乗り出さなかったことで，オーナー側が共謀して同選手をNFLから締め出そうとしているとの疑惑をめぐって，同選手とNFLとの間の争訟にまで発展した。

　そんな中，2018年に，ナイキは，同選手を，"Just Do It"の30周年記念キャンペーンに起用した。幅広い消費者一般の好感度やロイヤルティを重要視する大企業としては，このように消費者の支持・不支持が大きく分かれうる選手等は敬遠するのが通常だろうが，ナイキはあえてそのリスクをとったと言える。その結果，全米の保守派の一部消費者によるナイキの不買運動や，ナイキ製品を燃やす映像をSNSで拡散させるなどの運動にまで発展したが，他方で，このキャンペーンは非常に大きな注目を集め，数々の賞を受賞するなど，最終的には成功だったと捉えられている。

　これは近年よく問題となる，選手その他のライツホルダーによる政治・社会問題への意見表明や取組みについてスポンサーがどのようなスタンスを取るべきかという点にも関わるし（Ⅴ2第10条のコラムも参照），人権的な問題への取組みというナイキ自身のCSR活動の一環とも言いうる。いずれにせよ，このように極端なケースでは，スポンサーシップを理由とした不買運動等が生じるリスクも考慮しなければならない。

　なお，リスク対応とは少し趣旨が異なるが，スポンサーシップによる製品・

サービスの露出やイメージ向上の成否には，ライツホルダーの競技上の成績も大きく影響するところ，スポーツの性質上，これを事前に予測することは難しい。その点の手当てという意味合いもあり，主に選手のエンドースメント契約において，選手の競技成績等に応じたボーナス・インセンティブ報酬を設定することが行われてきた（詳しくはⅤ②第7条第2項参照）。

　さらに，欧米では近年，選手以外のチームやリーグのスポンサーシップにおいても，ボーナス・インセンティブを導入するケースが出てきている。アメリカのビールメーカーであるAnheuser-Busch InBev社は，2018年から，チームやリーグのスポンサーシップ料について，勝利数等の競技成績や，観客数，SNSのエンゲージメント数等を指標とするインセンティブ・ボーナスを導入している[4]。スポーツスポンサーシップの取引金額において全米トップクラスである同社によるこの試みは大きな話題となっており，同様にインセンティブ・ボーナスの導入を検討するスポンサーも増えているようである。

⑶　イベントの中止等（不可抗力条項等）

　予定されていたスポーツの試合やイベントが中止・延期されることは様々な理由で起こりうる。典型的なケースとして，悪天候による屋外でのイベントの中止や延期は日常的に起きているし，よりイレギュラーなケースとしては，2020年以降のCOVID-19の流行により，東京2020オリンピックの1年延期を含め，世界中でイベントの中止，延期，観客制限等がなされたことは周知のとおりである。

　また，MLBの2022年シーズン開幕前には，リーグと選手会がCBAにつき合意できず，ロックアウトがなされた。プロスポーツリーグにおいて，CBAの交渉等をめぐってロックアウトやストライキがなされることは決して珍しくなく，例えば，MLBで過去最長にわたりシーズンが中断されたのは1994年から翌年にかけてCBAの交渉において選手会が実施したストライキであり，1994

4　Terry Lefton "A-B's sponsor shocker" SBJ 2018年4月2日号。

年シーズンのプレーオフを含め，948試合が中止された。2022年シーズンについては，99日間のロックアウトの末，３月中旬にCBAにつき合意できたことにより，中止による試合数の減少はなんとか免れたものの，開幕が１週間延期されることになった。NPBにおいても，2004年のシーズン中に過去唯一のストライキが実施されており，２日間にわたり試合が中止された。

　さらに，スポーツが国際社会において果たす役割の拡大も相まって，近年，政治的・人権的な問題がスポーツイベントの開催等に影響するケースも増えている。2022年２月に開始したロシアによるウクライナ侵攻を受けて，欧州サッカー連盟（UEFA）がチャンピオンズリーグ決勝の会場をロシアからフランスに変更したことをはじめ，ロシアで開催予定であった多くの国際大会につき中止や開催地変更がなされたことは記憶に新しい。

　これらを含め，何らかの理由により，イベントの中止，延期，開催地変更，観客制限等がなされた場合には，ライツホルダーが，スポンサーシップ契約で約束したメリットをスポンサーに提供できない事態が生じうる。具体的な提供の可否は，それぞれのメリットの内容に応じてケースバイケースであり，必ずしもすべてのメリットが提供できなくなるわけではないが，例えば，イベントが中止されれば会場での来場者向けのアクティベーションやホスピタリティは実施できなくなるし，中止はされなくても観客制限がなされれば，そのような来場者向けのアクティベーションの効果は半減しうる。他方で，ウェブやSNS上でのアクティベーションであれば，イベントが中止されても実施自体はできるかもしれないが，イベント中止により注目が失われ，実質的に価値を失うケースもあるだろう。

　ライツホルダーがスポンサーシップ契約で約束したメリットをスポンサーに提供できない場合，その原因についてライツホルダーに帰責性があれば，スポンサーは，契約違反としてライツホルダーに対して責任追及しうる。

　他方，ライツホルダーに帰責性がない場合に，スポンサーシップがどのように取り扱われるかは，まずはスポンサーシップ契約の具体的内容による。典型的な条項としては，天災地変等によりイベントが開催できない場合にはライツ

ホルダーが義務を免れる不可抗力条項や，中止された試合数等に応じてスポンサーシップ料を減額・返金する条項などがある。

　もっとも，イベントの延期の場合や，開催地変更，観客制限等のそれぞれの場合の取扱いをすべてカバーするような条項が置かれた契約書は，実務上は多くない。そして，スポンサーシップ契約上に定めがない場合，日本の法律に準拠した契約であれば，民法の適用による取扱いを検討する必要がある。

　一般論としては，ライツホルダーに帰責性のない事情によりイベントが中止等され，ライツホルダーの債務が履行できなくなった場合には，スポンサーはスポンサーシップ契約の全部または一部を解除できることになる（民法542条1項1号，2項1号等）。もっとも，実際には，帰責性の有無や履行不能の成否については具体的な事情に照らした個別性の高い判断となる。また，スポンサーシップによりスポンサーが得るメリットは多種多様，かつ，必ずしも目に見える成果を伴わないことからも，実務上は，民法の適用により取扱いが明確となることはあまり期待できない。そのため，スポンサーシップ契約の交渉においては，スポーツ業界の実態・慣習やトレンドも踏まえて，その種のイベントにおいて生じうる事態を想定しつつ，予防法務的な観点から，可能な範囲で，その取扱いを契約上で明確にしておくことも検討に値する。

　なお，想定外の事象によるイベント中止に備えたライツホルダーとしてのリスクヘッジの方法として，イベント中止による損害をカバーする保険も選択肢となりうる。2020年にCOVID-19により中止となったテニスのウィンブルドン選手権の主催者は，中止による損害のおよそ半額に相当する1億4,100万ドルの保険金を受け取ったと言われている[5]。もっとも，当時，感染症による中止をカバーする保険に入っていたライツホルダーはごく少数であり，その後は，COVID-19の流行により多数のイベント中止が現実となったことなどを受けて，

5　Isabel Togoh "Report: Wimbledon's Organizers Set For A $141 Million Payout After Taking Out Pandemic Insurance" Forbes（2020年4月9日）〈https://www.forbes.com/sites/isabeltogoh/2020/04/09/report-wimbledons-organizers-set-for-a-141-million-payout-after-taking-out-pandemic-insurance/?sh=1d8e022629f6〉。

保険契約上で感染症は免責とされたり，保険料が高騰したりしているようである。

コラム　スポーツと政治・人権問題

　スポーツに政治を持ち込むべきではないと昔から言われる一方，実際には，過去，政治の問題は様々な形でスポーツに影を落としてきた。特に，世界中の注目が集まるオリンピックを筆頭に，国際的なイベントの開催や参加に関して各国の政治・外交の問題が影響することは決して珍しくない。オリンピックへの参加だけを見ても，国際社会からアパルトヘイトを激しく非難されていた南アフリカは，1964年東京大会以降，1992年バルセロナ大会で復帰するまでの間，オリンピックへの参加を認められなかったし，1976年モントリオール大会では，アパルトヘイトを続ける南アフリカにラグビーチームを遠征させたニュージーランドの参加が認められたことを原因として，20カ国以上のアフリカ諸国が参加をボイコットした。1980年モスクワ大会では，ソ連によるアフガニスタン侵攻への抗議としてアメリカ，日本を含む約40カ国がボイコットし，1984年ロサンゼルス大会では，今度はソ連を筆頭に東側諸国が報復としてボイコットした。

　そして，近年においても，政治的・人権的な問題がスポーツイベントの開催等に影響するケースが相次いでいる。

　2021年11月，女子プロテニスの彭帥選手が母国の中国高官による性的強要についてSNSで告発したが，投稿はすぐに削除され，同選手は一時的に安否不明となった。この事態を重く見た女子テニス協会（WTA）は，2021年12月，中国でのすべての大会開催を中止すると発表した。2022年2月に開始したロシアによるウクライナ侵攻に際しても，ロシアで開催予定であった多くの国際大会につき中止や開催地変更がなされるなど，スポーツ団体・チーム等により様々な措置が講じられた。その主なものは【図表Ⅳ－1】のとおりである。

【図表Ⅳ－1】ロシアによるウクライナ侵攻に伴うスポーツ関連の措置等

リーグ，団体等	措置の内容
FIFA/UEFA	・ロシア代表とロシアのクラブチームについて大会参加資格を停止 ・UEFAチャンピオンズリーグ決勝の会場をロシアからフランスに変更 ・ロシアのエネルギー会社GazpromによるUEFAのスポンサーシップを終了

IOC/IPC	・IOCは国際大会にロシアとベラルーシの選手・審判を参加させないよう国際競技連盟やイベント主催者に対して推奨 ・IPCは北京2022パラリンピックにつきロシアとベラルーシの選手の参加を禁止
バレーボール, バドミントン, スキー, スケート等の国際連盟	ロシアとベラルーシのチーム・選手について国際大会の参加資格を停止
F-1	ロシアグランプリのプロモーターとの契約を解除し, ロシアで2014年から毎年開催されていた同グランプリを2022年以降中止
ウィンブルドン選手権	2022年の選手権につきロシアとベラルーシの選手の参加を禁止
Everton FC	プーチン氏と強いつながりを持つロシアの実業家であるAlisher Usmanov氏が保有する複数のロシアの会社によるスポンサーシップを停止 (同氏は国際フェンシング協会の会長の資格も停止)
Chelsea FC	英国議会等からのプレッシャーにより, プーチン氏と強いつながりを持つロシアの実業家であるRoman Abramovich氏がクラブのオーナーシップを譲渡

　その他, 2022年北京オリンピックでは, 中国における人権問題に対する抗議として, アメリカと日本を含む複数国が, 選手は派遣するものの政府関係者を派遣しない「外交的ボイコット」を実施した。

　これらのケースにおいて, 特に措置の対象となった国側などは, スポーツの不当な政治利用だとして反発することも多い。もっとも, これらのケースに共通することは, 不当な差別や弾圧等の人権に関わる問題であり, 純粋な政治や内政の問題とはやや異なるという点である。オリンピック憲章の「オリンピズムの根本原則」においても, 「オリンピック・ムーブメントにおけるスポーツ団体は……政治的に中立でなければならない」と定める一方で, 「人間の尊厳の保持に重きを置く平和な社会の推進」や「このオリンピック憲章の定める権利および自由は……いかなる種類の差別も受けることなく, 確実に享受されなければならない」などと謳っている。

　そして, スポーツにおける国際的な潮流として, 人権等の社会問題に関しては, スポーツはわれ関せずではなく, むしろその影響力を解決に役立てるべきと考える傾向が強くなっている。この傾向は, 国際的・公共的なスポーツ団体やイベン

トのみならず，選手個人まで及んでおり，実際，アメリカにおいて2020年の黒人
銃撃事件を受けてNBA選手その他のアスリートによるボイコットの輪が広がっ
た例など（この例を含む選手による政治的発言については，**V②第10条のコラ
ム**も参照），選手が自らの影響力を活用して社会問題の解決を訴えるケースは増
えている。上記のNBA選手らのボイコットのケースでは，リーグやチームオー
ナーらも基本的に選手らの行動を支持しており，その他，NBAにおいては，ノー
ス・カロライナ州におけるLGBTに対する抑圧的な州法に対する抗議として，
2017年のオールスターゲームの開催地を同州のシャーロットから他州に変更する
など，人権問題やダイバーシティに関して積極的な対応をとっている。

　これらは当然，少なからずファンからの支持も背景としており，特に欧米の若
いファンはポジティブに捉える傾向が強いとされる。そのため，ライツホルダー
としては，ときには，イベント中止等の措置をとることによる短期的な経済損失
を甘受してでも，ファンから期待される一定の責任を果たして，長期的な目線で
自らのブランドを保つことが重要となりうる。他方で，過度に政治的と捉えられ
ないよう注意する必要もあり，問題の性質，その問題とライツホルダーの関わり
等の具体的な事情に応じて，ケースバイケースでの適切な対応が求められる。

　この点では，前述の彭帥選手の告発をめぐるWTAによる中国での大会中止と
いう措置は，近年のテニス業界における中国の強い存在感に照らして，WTAに
巨額の経済損失を生じさせるものと考えられているが，女性の権利を従前から推
進してきたWTAのポリシーと一貫した対応として，多くのファンや識者から称
賛された。そして，その毅然とした対応が目にとまったこともきっかけとして，
WTAは，2022年３月，長らく空いていたWTAツアーのタイトルスポンサーと
して，女性の健康に特化した医療機器等の会社であるHologicによる大型のスポ
ンサーシップを獲得するに至った[6]。ライツホルダーのブランディングの一貫性が
スポンサーシップの獲得にも資することを示した好例といえるだろう。

---

[6]　Christopher Clarey "Strong Stance on China and Peng Shuai Helps Land WTA a
New Title Sponsor" The New York Times（2022年３月３日）〈https://www.nytimes.com/
2022/03/03/sports/tennis/wta-hologic-china.html〉。

2　スポンサーシップのコンプライアンス

(1)　マーケティング一般に関わる規制（景表法）

　スポンサーシップを通じたマーケティング活動に関しては，画像・映像，イラスト，音声等の素材に関わる権利処理，撮影・制作等の過程に関わる法令，マーケティング手法や広告内容に関わる規制など，マーケティング一般に関する法律問題が関係しうる。これらについて本書で網羅的に取り上げることはしないが，代表的なものとして，以下では，不当景品類及び不当表示防止法（景表法）に基づく規制につき概説する。

　景表法は，(i)景品類の提供に関して規制する景品規制と，(ii)不当な表示等を規制する表示規制を2つの柱としている。

　例えば，スポンサーの製品の購入者が応募できる選手のサイン入りグッズ等の抽選キャンペーンを行う場合，上記(i)の景品規制が問題となりうる。景品規制の対象となる景表法上の「景品類」とは，①顧客を誘引するための手段として，②事業者が自己の供給する商品・サービスの取引に付随して提供する③物品，金銭その他の経済上の利益であって，内閣総理大臣が指定するものをいう（同法2条3項）。そして，景表法による規制は，(i)くじや抽選等の偶然性またはゲームの勝敗等の特定の行為の優劣等によって景品類を提供する「一般懸賞」に関するもの，(ii)複数の事業者が参加して行う「共同懸賞」に関するもの，(iii)一般消費者に対し懸賞によらずに提供される景品類（いわゆる「応募者全員サービス」等）である「総付景品」に関するものがあり[7]，それぞれ提供できる景品類の限度額等が定められている。これに対して，上記②の取引付随性がない，誰でも応募できるような懸賞は，オープン懸賞と呼ばれ，景品規制の対象とならない。

7　「懸賞による景品類の提供に関する事項の制限」（昭和52年公正取引委員会告示第3号）。

　一般懸賞と総付景品それぞれの景品類の限度額は，【図表Ⅳ－ 2 】【図表Ⅳ－
3 】のとおりである。

【図表Ⅳ－ 2 】一般懸賞における景品類の限度額

	懸賞による取引価額	景品類限度額	
		最高額	総額
一般懸賞	5,000円未満	取引価額の20倍	懸賞に係る売上予定総額の 2 ％
	5,000円以上	10万円	

【図表Ⅳ－ 3 】総付景品における景品類の限度額

	取引価額	景品類の最高額
総付景品	1,000円未満	200円
	1,000円以上	取引価額の10分の 2

　景品類の価額算定につき，景品類と同じものが市販されている場合は，景品
類の提供を受ける者が，それを通常購入するときの価格により，他方，景品類
と同じものが市販されていない場合は，景品類を提供する者がそれを入手した
価格，類似品の市価等を勘案して，景品類の提供を受ける者が，それを通常購
入すると想定したときの価格によるものとされている[8]。

　また，アクティベーションとして行うマーケティングがいわゆる誇大広告に
該当する場合等は，上記(ⅱ)の表示規制が問題となりうる。表示規制においては，
商品・サービスの取引に関して行われる不当表示が規制されており，景表法上，
「表示」とは，①顧客を誘引するための手段として，②事業者が自己の供給す
る商品・サービスの内容または取引条件その他これらの取引に関する事項につ
いて行う③広告その他の表示であって，内閣総理大臣が指定するものをいう
（同法 2 条 4 項）。

　そして，不当表示には，主に，(ⅰ)商品・サービスの品質，規格その他の内容

8　「景品類の価額の算定基準について」（昭和53年事務局長通達第 9 号）第 1 項。

について，実際のものよりも，または事実に相違して競合他社に係るものより
も著しく優良であると一般消費者に対して示す「優良誤認表示」（景表法5条
1号）と，(ii)商品・サービスの価格その他の取引条件について，実際のものま
たは競合他社に係るものよりも取引の相手方に著しく有利であると一般消費者
に誤認される「有利誤認表示」（同条2号）の2種類がある[9]。

ここでいう「著しく優良」または「著しく有利」に当たるかは，業界の慣行
や表示を行う事業者の認識により判断するのではなく，表示の受け手である消
費者の観点から判断される。また，「著しく」とは，その表示の誇張の程度が，
社会一般に許容される程度を超えて，消費者による商品・サービスの選択に影
響を与える場合をいうと解されている[10]。

なお，景表法のほか，不正競争防止法においても，商品・サービスまたはそ
の広告や取引に用いる書類等にその商品・サービスの質，内容，製造方法，用
途，数量等について誤認させるような表示をする行為は，不正競争行為の1つ
とされている（同法2条1項20号）。

(2)　特定の商品・サービスや業界に関わる規制

商品・サービスによっては，スポンサーシップを通じたマーケティング活動
に関して，上記(1)のマーケティング一般に関わる規制に加えて，その商品・
サービスの性質等を踏まえた特別の規制が適用されるケースがある。

例えば，食品に関しては，消費者の日常的な健康・安全に深く関わることか
ら，その表示や広告に関して特別の規制がされている。具体的には，その表示

9　優良誤認表示または有利誤認表示に該当するためには，加えて，「不当に顧客を誘引し，
　一般消費者による自主的かつ合理的な選択を阻害するおそれがあると認められる」必要が
　ある。なお，優良誤認表示および有利誤認表示のほか，商品・サービスの取引に関する事
　項について一般消費者に誤認されるおそれがある表示であって，不当に顧客を誘引し，一
　般消費者による自主的かつ合理的な選択を阻害するおそれがあると認めて内閣総理大臣が
　指定するもの（景表法5条3号）も不当表示とされる。
10　「著しく優良」および「著しく」の解釈に関して，「不当景品類及び不当表示防止法第7
　条第2項の運用指針－不実証広告規制に関する指針－」（平成15年10月28日公正取引委員
　会）参照。

に関しては食品表示法が規制しているほか，誇大広告等のケースでは，健康増進法や医薬品医療機器等法も問題となりうる。

　また，医業・病院等に関する広告については，患者等の利用者保護の観点から医療法により規制されており，その具体的な内容は厚生労働省の「医業若しくは歯科医業又は病院若しくは診療所に関する広告等に関する指針」（医療広告ガイドライン）にまとめられている。医薬品等については，医薬品医療機器等法および厚生労働省の定める「医薬品等適正広告基準」[11]により，虚偽・誇大な広告や未承認の医薬品等の広告の禁止等の規制がなされている。その他，金融商品取引業に関する広告については金融商品取引法など，各業種を規制するいわゆる業法によって広告が規制されているものもある。

　法令以外に，各業界における自主規制やガイドラインが存在するケースもある。特に，業界によっては，景表法31条の規定により，公正取引委員会および消費者庁長官の認定を受けて，事業者または事業者団体が表示または景品類に関する事項について自主的に設定する業界のルールである公正競争規約が存在する。景表法は，業種を問わず適用されるため，ある程度，一般的，抽象的なものにならざるをえないのに対して，公正競争規約は，その業界の商品特性や取引の実態により即した規制を事業者または事業者団体が自主的に設けるものであり，一部の食品・酒類，家電・家庭用品，自動車関連，不動産，医療関係等，100以上の公正競争規約が設定されている[12]。

(3) アンブッシュマーケティング

　「アンブッシュマーケティング」に明確な定義はないが，一般的に，あるイベントの公式スポンサーとしての権利を持たない企業が，そのイベントに間接的に関連づけるような形で販促活動を行い，公式スポンサーが得られるスポン

11　昭和55年10月9日付け薬発第1339号厚生省薬務局長通知，改正平成29年9月29日薬生発0929第4号厚生労働省医薬・生活衛生局長「医薬品等適正広告基準の改正について」。
12　詳細は消費者庁ホームページ参照〈https://www.caa.go.jp/policies/policy/representation/fair_labeling/fair_competition_code/industries/〉。

サーメリットであるブランドの認知その他の利益を得ようとするマーケティング方法を指すことが多い。

　例えば，スポンサーシップにおいてexclusivityが初めて導入された1984年ロサンゼルスオリンピック（Ⅰ⑤参照）において，フィルムカテゴリーの公式スポンサーの座を富士フィルムに奪われたコダックは，オリンピックのテレビ中継のスポンサーや陸上競技アメリカ代表チームのスポンサーとなるなどして積極的にマーケティングを行った。その結果，コダックは，IOCやオリンピック組織委員会に高額のスポンサーシップ料を支払うことなく，オリンピックの機会を利用して多くのメディア露出やイメージ向上を達成し，一部の消費者にはコダックがオリンピックのスポンサーであると誤認させるほどの効果を生じさせた。その他，イベント会場内や周辺で看板掲出やビラ・サンプル配布等の販促活動を行うこともアンブッシュマーケティングの典型例である。

　スポンサーがライツホルダーとの関連性の利用を通じて認知拡大・イメージ向上等のスポンサーシップの目的を達成するためには，ターゲットである消費者からスポンサーであると正しく認識されることが重要となる。特に，特定のカテゴリーについて与えられたexclusivityによる競業他社との差別化を十分に達成するためには，そのカテゴリーについて「唯一の公式スポンサー」であると認知される必要がある。しかし，アンブッシュマーケティングが行われると，消費者にスポンサーとして正しく認識してもらえる可能性が損なわれる。これを放置しては，わざわざスポンサーシップ料を支払って公式スポンサーになる企業などいなくなってしまうわけで，イベント主催者としては十分な対策が必要となる。

　アンブッシュマーケティングが違法となるケースとしては，Ⅲ①で説明した商標権，肖像・パブリシティ権，著作権といった各種の知的財産権等の法的権利を侵害する場合や不正競争防止法に違反する場合などがある。商標登録されたイベントロゴや選手の写真を第三者が無断で使用して販促活動を行うケースが典型である。また，オリンピックやワールドカップのような世界的・国家的なイベントの場合，そのイベントに関するアンブッシュマーケティングを特に

規制するための特別法が制定されることがある。例えば，2000年シドニーオリンピックに際しては，オーストラリアにおいて，オリンピックシンボル等のほか，オリンピックに関連する用語の組み合わせや一般人にオリンピックと関連があると想起させる一定の表現等の使用を規制する法律が限時法として制定され，その後のオリンピック開催国の大半においても，何らかのアンブッシュマーケティング規制法が制定されている[13]。

　また，法令以外にも，イベント主催者が定めるルールにおいてアンブッシュマーケティングが禁止・制限されている場合がある。アンブッシュマーケティングに協力した選手はイベントの出場資格を失いうる旨を参加規約で定めたり，観戦チケット上に会場内での販促活動を禁止する旨を記載したり，イベント主催者と公式スポンサー・メディア等との間の契約においてイベント主催者が認めない方法でのマーケティングを禁止したりといったものである。ただし，これらのルールはあくまでイベント主催者との間の契約（イベント参加契約，観戦契約，スポンサーシップ契約，放映契約等）に基づき適用されるにすぎないため，それぞれの契約当事者に対してしか法的効力を及ぼさない。つまり，典型的にアンブッシュマーケティングを行うような，公式スポンサーの競業他社等，イベントと直接の契約関係にない第三者には適用されない。

　イベント主催者としては，自らの権利とスポンサーの利益が法的に保護されるよう，できる対策は講じておく必要がある。これには，重要な商標について速やかに登録を行うことをはじめ，その商標やその他の権利について第三者による侵害行為がないか適切にモニタリングすることや，イベント会場や周辺を取り締まることなどが含まれうる。後者については，通常はイベント会場内には施設管理権が及び，第三者による無断での看板設置やビラ・サンプル配布のための立入り等を防ぐことができるが，イベント会場内に限らず，その周辺エリアを含めて権利者から借り上げたり，周辺の看板掲出スペース等の使用権を自ら購入したりすることで，イベント会場周辺での第三者の販促活動もブロッ

13　足立勝「オリンピック開催とアンブッシュ・マーケティング規制法」日本知財学会誌11巻１号，５頁以下参照。なお，東京2020オリンピックに際して日本では制定されなかった。

クすることがしばしば行われる[14]。

　もっとも，近年において有力企業が行うアンブッシュマーケティングとして
は，イベント主催者の知的財産権の侵害等を伴うような違法な方法によるもの
は稀であり，むしろ違法にならないようにあらかじめ注意深く検討した上，あ
くまで間接的にイベントとの関連性を想起させるなどの方法によるものが主流
である。例えば，サンドウィッチのSubwayは，マクドナルドがレストランカ
テゴリーの公式スポンサーであった2010年バンクーバー冬季オリンピックに際
して，「オリンピック」「バンクーバー」といった直接的な表現は使わずとも，
水泳のマイケル・フェルプス選手が屋内プールを飛び出してバンクーバーらし
き方角へ地上を泳いで突き進み，「(Subwayのサンドウィッチを食べて) 彼は
この冬の現場に行けるように ("so he can get to the where the action is this
winter")」というナレーションを付したテレビCMをリリースした[15]。

　この例を含めて，イベント主催者からは「アンブッシュマーケティングだ」
と指摘されうるようなマーケティング方法であっても，違法または契約違反と
ならないように十分注意すれば，合法的に実施できる可能性がある。

　他方で，実務的には，違法または契約違反でなければよいということではな
く，世論・消費者がどう捉えるかというレピュテーションの観点での検討も不

14　この点，オリンピック等について特別法によりアンブッシュマーケティングから保護さ
　　れていることも，IOCやFIFAといったイベント主催者側が，開催地の決定権限を含む強い
　　影響力を梃子に，自らのブランドとスポンサーシップの価値の保護のためのルール作りや
　　各国政府への働きかけといった取組みを自ら行ってきた結果といえる。

15　米国オリンピック委員会はこれを不当なアンブッシュマーケティングだと公に非難した
　　が，Subwayは，Subwayの長年のファンであり，2008年からマーケティングに起用してい
　　るフェルプス選手の起用を含め，正当な権利の範囲内でのマーケティングだとして反論し
　　た。さらに，フェルプス選手のエージェントは，Subwayが同選手のよき支援者であり，
　　ルールにも従っており，また，選手らに許された範囲で可能な限りのことをやっており，
　　それを通じて選手らは競技を行うために必要な資金を得ているのだとコメントした。
　　Tripp Mickle "Revival of Olympic ambush marketing shows power of Games" SBJ 2010
　　年 2 月 1 日号。なお，このケースでは，バンクーバー冬季オリンピックの出場選手ではな
　　かったためにフェルプス選手が起用されたが，前述のRule 40との関係により，もし同オリ
　　ンピックの出場選手を同様にマーケティングに起用した場合には，同選手につき出場資格
　　剥奪等の処分が下されうる点に留意が必要である。

可欠となる。たとえ違法ではないとしても，イベント主催者がリスクを負って投資した成果ともいえる集客や知名度にフリーライドして自らの利益を図るものとして，卑怯，反倫理的といった印象を持たれたり，炎上したりと，ブランドイメージの毀損という逆効果を招く可能性があるためである。

　この点は，世論の空気感や自社企業・製品のイメージ等も考慮に入れつつ，具体的な内容・方法として社会的に許容される限界を探る必要があるところ，特に日本においては，「アンブッシュマーケティング」といえばネガティブなイメージが先行し，企業としても保守的にそのようなマーケティングを控える傾向が強いと考えられる。しかし，そこで思考停止せず，クリエイティブなマーケティングとして受け容れられるボーダーラインを的確に見極めることができれば，アンブッシュマーケティングは，費用対効果の優れたマーケティング方法として，企業にとって有力な選択肢になりうる。実際，世界的なマーケティング巧者としての呼び声も高いナイキは従前から積極的にアンブッシュマーケティングを行うことで知られており，そのクリエイティブさも相まって多くの消費者から好意的に受け止められているし，特に欧米では，そのような一流企業でも，適法かつクリエイティブなアンブッシュマーケティングにより，（ときに公式スポンサーよりも）高い効果を上げているケースは少なくない。

　もちろん，公式スポンサーにとってはゆゆしき事態となりうるし，イベント主催者が公に非難を行い世論に訴えかけることも珍しくないが，合法的なアンブッシュマーケティングにイベント主催者が対抗する理想的な方法としては，公式スポンサーだけが得られるスポンサーメリットを充実させることではないだろうか。「手間暇とコストをかけてアンブッシュマーケティングを行うよりも，スポンサーシップ料を支払って公式スポンサーになるほうが断然効果的だ」と企業を納得させるのはイベント主催者の使命といえる。また，イベント主催者にとって，自らのスポンサーの利益を確保するため，真に違法，アンフェアなマーケティング方法を許さないことも重要な使命であるが，他方で，選手個人についても，報酬や大会賞金だけで十分に活動できるスポーツ・選手はむしろごく一部であり，そもそもスポンサーなしでは活動を続けられない選

手も多い。ある大会を目指すアスリートを長年スポンサーして不調時も親身になって活動を支え続け，ついにその夢が叶って活躍し，「おめでとう，○○選手！　当社はずっと応援しています」と言ったらその大会主催者から「アンブッシュマーケティングだ！」と非難されるというのでは，スポーツ全体の発展の観点からも疑問だろう。

　合法的なアンブッシュマーケティングはイベントの盛り上がりに寄与するという側面もあるし，特に公的な補助金が投入されるなどして間接的に国民の税金が使われているイベント等について主催者にどこまで独占を認めるべきかという問題にもつながりうる。スポーツを支える社会全体がバランスよく利益を享受し，発展していくため，日本においても，適法かつクリエイティブなアンブッシュマーケティングの活用について建設的な議論がなされることが望まれる[16]。

(4)　ステルスマーケティング

　ステルスマーケティング（いわゆるステマ）とは，消費者に宣伝と気づかれないようにされる宣伝行為をいう。例えば，人気選手が自分のSNS上でスポンサー企業の製品を薦める投稿をした場合に，もし消費者がその選手と企業の間のスポンサーシップ関係を認識していなければ，消費者としては，選手が中立な立場で純粋に個人的嗜好に基づきその製品を推していると認識しうる。これによって，通常のスポンサー広告よりも高い信頼がその投稿に向けられうる点に実質的な問題があるとされる。

　類型としては，企業の自作自演にもかかわらず第三者が表示しているかのように誤認させるタイプ（なりすまし型）と，企業が第三者に表示してもらうために金銭等を提供しているのにその事実を表示しないタイプ（利益提供秘匿

---

[16]　「アンブッシュ（待ち伏せ）マーケティング」という用語も，それがいかにも卑怯，反倫理的という印象操作のために使われる危険性もあり，不用意に広義で使うことには躊躇を覚える。その観点から，必ずしも不当ではない範囲でイベントと関連づけた形で行うマーケティングは，「パラレルマーケティング」などと別の呼び方がされることもある。

型）の２つに分けられる[17]。選手の関与するステマは後者となる。

アメリカでは，連邦取引委員会（FTC）のガイドラインにおいて，ステマに対して比較的厳しい立場がとられている。つまり，たとえその商品に関する評価等の内容自体は真実であったとしても，ステマが広告であることを隠匿する点を捉えて，連邦取引委員会法５条により違法とされる欺瞞的な行為または慣行に当たりうるものとされている[18]。また，広告主と宣伝者の間にその宣伝の価値や信頼性に重大な影響を与えうる関係（消費者が合理的に予測できない関係）がある場合には，その関係の開示が義務づけられている[19]。

また，EUの不公正取引方法指令においても，事業者が金銭を支払ってメディア記事を書かせたにもかかわらず，それを隠して販促活動に利用することなどが禁じられている[20]。

日本においては，ステマによる表示が，その事業者の商品・サービスの内容や価格等の取引条件について実際のものや競争事業者に係るものより著しく優良または有利と消費者に誤認されるものである場合には，従来から，景表法上の優良誤認表示（同法５条１号）または有利誤認表示（同条２号）として違法となりうるものではあった[21]。しかし，これは，ステマであること，つまり前述の例で言えば選手と事業者の間のスポンサーシップの存在を明らかにしていないこと自体を問題とするものではなく，そのようなステマ特有の危険性を踏まえた規制としては，広告業界団体による一定の自主規制が試みられてきたにすぎなかった[22]。

---

17 日本弁護士連合会が2017年２月16日付で消費者庁に提出した「ステルスマーケティングの規制に関する意見書」参照。
18 FTC "Enforcement Policy Statement on Deceptively Formatted Advertisements"
19 FTC "Guides Concerning the Use of Endorsements and Testimonials in Advertising"
20 Unfair Commercial Practice Directive 2005/29/EC
21 口コミサイトへの掲載に関して，消費者庁「インターネット消費者取引に係る広告表示に関する景品表示法上の問題点及び留意事項」（2011年10月28日公表，2012年５月９日一部改定，2022年６月29日一部改定）参照。
22 一般社団法人日本インタラクティブ広告協会やWOMマーケティング協議会のガイドライン等。

　このように，日本ではステマを直接に規制する法律は存在しなかったところ，2022年12月に，消費者庁の「ステルスマーケティングに関する検討会」が，ステマの実態等を調査・検討した上，ステマを景表法で規制すべきとする報告書を公表した[23]。これを受けて，消費者庁は，2023年3月に，景表法5条3号に基づき，「一般消費者が事業者の表示であることを判別することが困難である表示」を不当表示に指定しており，2023年10月1日から施行されている。その運用基準においては，「一般消費者が事業者の表示であることを判別することが困難」かどうかの判断にあたっては，事業者の表示が第三者の表示であると一般消費者に誤認されないかどうかを表示内容全体から判断するものとされている[24]。

　以上のとおり，ステマのうち一定のものは，景表法上の不当表示として規制されることになった。もっとも，仮に景表法上の不当表示には該当しない場合であったとしても，ステマがアンフェア，詐欺的だという認識は一般にも広く共有されており，もし消費者からステマだと認識された場合には，スポンサーおよびライツホルダーのいずれにとっても重大な信用の低下をもたらしうる。したがって，スポンサーシップにおいては，意図的なステマは避けるべきことに加えて，もし意図的に隠すつもりはなかったとしても誤解を受けないよう，スポンサーシップに基づく旨，広告である旨が適切に消費者に認識されるよう注意する必要がある。

⑸　大会・団体等のルールとの抵触

　Ⅱ①で述べたとおり，スポーツの構造上，様々なレベルのライツホルダーが存在しており，その各ライツホルダーに帰属する権利は異なる上，他のレベルのライツホルダーとの関係で，スポンサーに与えることができるメリットに制

23　ステルスマーケティングに関する検討会「ステルスマーケティングに関する検討会　報告書」（2022年12月28日）。
24　「「一般消費者が事業者の表示であることを判別することが困難である表示」の運用基準」（2023年3月28日消費者庁長官決定）。

限がありうる。その観点では，ある権利・メリットをそのライツホルダーがスポンサーに与えることができるか否かを確認する際には，厳密な区別ではないものの，そもそもそのライツホルダーに帰属する権利なのか，また，帰属するようでも，ルールで制約されていないか，という2段階で検討することが有用となりうる。

　後者のルールについては，どのルールが誰に適用されるのか，その適用関係を理解することが必要となる。リーグが定める規約，チームが定める規則，その他のスポーツ団体や大会が定めるルール等，スポーツ業界におけるルールには様々なものがあるが，これらのルールは，万人に適用される法律ではなく，あくまで私人間の合意により形成される契約にすぎない。したがって，例えば，ある大会に参加する選手は，その大会の参加規約に同意して参加する結果，参加規約の適用を受け，それに違反すれば参加規約に定める処分（参加資格剥奪等）や損害賠償の対象となりうるが，その選手個人をスポンサーしているにすぎない企業は，大会主催者との間で何ら直接の契約関係に立たないため，仮に参加規約の内容に違反するような行動をとったとしても（例えば，参加規約上で大会期間中は禁止されている会場周辺での販促活動を実施した場合），それが大会主催者の有する知的財産権等の法的な権利・利益を侵害するものでない限り，大会主催者から抗議はされど，大会主催者に対する法的な責任が生じるものではない。

　ただし，このスポンサー企業が，別途，大会主催者との間でも，スポンサーシップやライセンスなど何らかの契約を締結している場合には，その契約の中で大会主催者の定めるルールの遵守を義務づけられている場合があり，これに違反すれば契約違反として大会主催者に対して法的責任を負いうるため，注意が必要である。

　また，直接の契約関係はない場合でも，各レベルにおけるルールや契約の階層構造を通じて，間接的にそのルールが適用される場合もある。例えば，選手が直接に契約をしているのは所属チームであったとしても，その所属チームとの選手契約の中で，選手がリーグの定める規約その他のルールを遵守しなけれ

ばならず，これに違反した場合にはリーグによる処分がなされる旨が定められ
ているようなケースである。この場合，選手契約を通じて，選手はリーグの
ルールに従う必要が生じることになる。

　さらに，直接・間接にもルールの適用を受けないとしても，スポンサー企業
の行動により選手が参加規約に違反するような場合には，選手が参加資格剥奪
等の処分を受けるなどしてスポンサーシップに重大な悪影響が及ぶことになる。
そのため，スポンサー自身がルールの適用を受けないのであればよいというこ
とでは必ずしもなく，この観点からは，例えば，選手やチーム側としては，ス
ポンサーシップ契約上で，スポンサーもリーグのルールを遵守し，選手・チー
ムがリーグのルールに違反することになるような権利行使をしない旨をスポン
サーに義務づけることも検討する必要がある（Ⅴ②第4条第4項および第5条
第3項参照）。

　これらのルールの適用関係に関して，各レベルのライツホルダーごとのポイ
ントはⅢ②も参照してほしい。

　その他，学生アスリート等については，プロと異なりアマチュアであること
との関係で，各学校や団体のルールにおいて，肖像等のライセンスにより経済
的な利益を得ることに制約が課されている場合もある。例えば，日本学生野球
憲章では，部員や野球部を商業的に利用しないことが基本原理の1つとされ
（2条4号），部員や野球部が，学生野球への関与を示してメディアに関わる場
合には，報酬を得てはならないこと（24条2項）等が定められている。

　なお，アマチュア資格のゴルファーについてもスポンサーシップが禁止され
ていたが，昨今，英国R&Aと米国USGAのルール改正により大会賞金の受取
り制限その他のアマチュア資格要件が緩和され，2022年からはスポンサーシッ
プも解禁されている。

V

具体的な契約内容とポイント

1　契約書サンプルの趣旨

　本章では，選手のエンドースメント契約のサンプルを用いて，個別の条項につき，その趣旨や検討すべきポイントを解説する。特に，当事者である選手とスポンサー企業のどちらか一方にとって重要なポイントがある場合には，【選手側のポイント】または【スポンサー側のポイント】として取り上げている。

　サンプルは，プロテニス選手がスポーツアパレルメーカーと締結するエンドースメント契約を想定した内容である。主に先進国である米国の契約実務に照らして典型的な内容をカバーしつつも，日本法に準拠し，基本的には日本の一般的な契約実務を前提とした建付けとしている。

　もっとも，このサンプルは，あくまでも，スポンサーシップ契約の典型的な条項やポイントの理解の便宜のために用意したものにすぎない。そのため，比較的シンプルでポイントを絞った内容にとどめているし，個人スポーツかチームスポーツか，対象の製品が競技用具かその他かなどによって考慮すべき内容が異なることに加えて，現実のスポンサーシップの内容はケースごとにユニークであり，より複雑となりうることからも，個々の事案で問題になりうるポイントのすべてを網羅するものではない。実際のスポンサーシップ契約の交渉・締結にあたっては，本章で解説するポイント以外にも，各取引の内容を踏まえたケースバイケースでの検討が欠かせない。

2 選手によるシューズ・アパレルのエンドースメント契約

【頭書】

> ［企業名］（以下「本企業」という。）及び［選手名］（以下「本選手」という。）
> は，本選手による本企業の製品のエンドースメントに関して以下のとおり合意し，
> ●年●月●日（以下「本契約締結日」という。）付で，このエンドースメント契
> 約（以下「本契約」という。）を締結する。

　この契約に基づき相互に権利を有し，義務を負うのは原則としてこの契約の
当事者だけなので，まずは基本的なポイントとして，契約の当事者を明確にす
る。

　選手側は選手本人が契約の当事者となることもあれば，肖像権の管理・マー
ケティング等を委託しているマネジメント会社（主に節税のために選手本人が
設立したいわゆる個人事務所のようなものも含む）を当事者とするケースもあ
る。その場合，契約書の中の選手側の義務についての条項は，厳密には，「選
手は○○する」ではなく「マネジメント会社は選手をして○○させる」という
使役の形式にするなどの調整が必要になる。

　なお，未成年の選手が契約する場合，民法上，原則として法定代理人の同意
を得る必要があり，同意なく締結した契約は選手側から取り消すことができる
（民法5条）。そのため，契約書に法定代理人（親権者等）の記名押印／署名を
得るか，法定代理人から別途の同意書を得るなどの対応が必要となる。

【スポンサー側のポイント①】マネジメント会社との契約

　選手のマネジメント会社を契約相手方とする場合，そもそもの前提として，
そのマネジメント会社が本当に選手の契約履行を確保できる関係にあるかの確
認が必要である。そんなことは当然の前提だと思われるかもしれないが，実際

のところ，スポーツ業界では，著名な選手と関係があるように装い契約したが，フタを開けてみれば何ら選手に履行させる権限がない「自称」マネジメント会社または代理人であった，というトラブルは珍しくない。

　そのため，信用できるマネジメント会社であれば問題ないが，そうでない場合は，調査会社に依頼したり業界内で情報収集したり，またはマネジメント会社自身に選手との関係につき何らかの裏づけ資料を求めることも考えられる。

　また，マネジメント会社を契約当事者とした場合，契約上は直接に選手に対して契約の遵守・履行を請求することはできないし，仮に選手側の契約違反があっても，原則としてマネジメント会社にしか損害賠償請求等の責任追及ができない（選手本人に責任を問えない）。そのため，マネジメント会社の経済状況や選手のハンドリングに不安がある等の理由で，選手にもスポンサーに対して直接に責任を負うことを約束してもらいたい場合には，⒜契約内容につき了解しており，選手が履行すべき事項については自ら直接に責任を負う旨を契約書の末尾などに記した上で選手の記名押印／署名を得るか，⒝別途，同趣旨の確認書を選手から提出してもらうなどの対応が必要となる。特に，マネジメント会社がいわゆる個人事務所で実質的には選手本人との取引だとしても，形式的にはマネジメント会社が契約当事者である以上，やはり選手本人には直接に責任を問えないのが原則なので，そのようなケースでは基本的に上記⒜または⒝の対応をとることが望ましいだろう。

　さらに，スポンサーがマネジメント会社と契約し，その後，エンドースメント契約の期間中に選手とマネジメント会社との間のマネジメント契約が解約された場合，スポンサーと直接には契約関係のない選手に対してはエンドースメント契約の継続履行を求められない（マネジメント会社に対して責任追及するしか手段がない）という事態になりうる。この点も，あらかじめ上記⒜または⒝の対応をとることで解決できる。

【スポンサー側のポイント②】選手の代理人との契約

　マネジメント会社が契約当事者となるのと似て非なるケースとして，マネジ

メント会社，エージェント等が選手の代理人として契約を締結する場合がある。この場合，形式的に契約書にサインするのはマネジメント会社，エージェント等であるが，法的に契約当事者となり，スポンサーに対して直接に責任を負うのはあくまで選手本人である。そのため，上記【スポンサー側のポイント①】の(a)または(b)のような対応は必要ないものの，その代わり，そのマネジメント会社，エージェント等が選手本人からそのエンドースメント契約の締結につき正式に代理権限を与えられている旨を証明する書面（いわゆる委任状／POA。選手本人の記名押印／署名が必要）を確認することが原則として必要となる。

【第1条：契約の目的】

> 本契約は，本選手による本企業製品（第3条に定義する。）のエンドースメント並びにこれに関連する本選手による協力及び本企業によるエンドースメント料の支払等について，当事者間の権利義務を定めることを目的とする。

　このエンドースメント契約の目的を規定する。

　個別具体的な権利義務については第2条以下に定めるため，必ずしも本条を詳細に規定する必要はない。もっとも，仮に契約上の規定の解釈をめぐって争いとなった場合，裁判所が契約を解釈するにあたっては，その契約の目的が何であるかが重要な指針となる。そのため，当事者がこのエンドースメント契約を締結するに至った経緯や前提が当事者にとって重要な意味を持つような場合には，それらを明示的に記載しておくことも検討に値する。

【第2条：契約の期間】

> 本契約の有効期間は●年●月●日から●年●月●日まで（以下「本契約期間」という。）とする。なお，本契約において「契約年度」とは，●年●月●日から●年●月●日を第1契約年度として，以降毎年●月●日から翌年●月●日をいう。

　極めて基本的かつ重要な契約条件である。当事者の間で自由に合意可能であ

り，特定の大会の開催期間のみを対象とするような短期間にもできるし，10年
にも及ぶ長期契約のケース[1]や，さらに稀には無期限の生涯契約を結ぶケース[2]
もある。

　ブランディングの観点からは，ある程度継続的なパートナー関係を約束した
ほうが，長期的な視野に立っての一貫したブランド戦略の実施が可能となり，
より効果的なエンドースメントとするチャンスがある。他方で，選手によるエ
ンドースメントの実質的な価値は，その選手の競技成績・メディア露出等に応
じて随時変化するため，長期にわたるほど当事者双方にとって予測が難しい。
その点も反映して，一般的には数年程度の契約期間のケースが比較的多く，実
績があり安定した成績を期待できる選手ほどより長期の契約を締結する傾向に
ある。

　スポンサーシップ契約のように継続的な契約の場合，いずれの当事者からも
当初の契約期間満了までに通知がなかった場合には，従前と同一の契約条件の
まま契約期間が自動的に一定期間延長される，いわゆる自動更新条項が入れら
れるケースもある。もっとも，スポンサーシップ契約については，その実質的
な価値やメリットの内容につき一定期間ごとに見直す必要性が大きいためか，
自動更新条項を入れるケースはあまり一般的ではないように思われる。

　なお，契約期間が複数年にわたる場合，エンドースメント料（特にボーナ
ス・インセンティブ報酬）の算定との関係等から，サンプルのように契約年度
につき規定しておくことが考えられる。

1　例えば，男子テニスのロジャー・フェデラー選手は，2008年にナイキとの間で10年間の
　エンドースメント契約を締結し，その契約が終了した2018年には，今度はユニクロとの間
　で総額３億ドルとも言われる10年間のエンドースメント契約を締結した。BBC News
　Japan「フェデラー，ユニクロ着てウィンブルドンに登場　ナイキとの契約満了」（2018年
　７月３日）〈https://www.bbc.com/japanese/44692373〉。
2　例えば，ナイキは，NBAのレブロン・ジェームズ選手のほか，サッカーのクリスティアー
　ノ・ロナウド選手と生涯にわたるエンドースメント契約を締結している。Marissa Payne
　"Cristiano Ronaldo signs 'for life' with Nike, five more years with Real Madrid" The
　Washington Post（2016年11月８日）〈https://www.washingtonpost.com/news/early-lead/
　wp/2016/11/08/cristiano-ronaldo-signs-for-life-with-nike-five-more-years-with-real-madrid〉。

【選手側のポイント】

　安定した収入を確保するためには長期の契約が好ましい一方で，競技実績や人気の向上によりその選手のエンドースメントの市場価値が契約期間中に大きく上昇した場合，従前のままの契約に長期的に拘束され続けることはデメリットにもなりうる。この点，長期の契約としながらも契約期間中の選手のブランド価値の上昇をエンドースメント料に一定程度反映するためには，第7条第2項のとおり，選手の活躍やメディア露出に応じたボーナスやインセンティブ報酬の規定を盛り込むことが考えられる。

【スポンサー側のポイント】

　一般論としては，選手の客観的な人気・実力や将来性，さらには選手自身の中長期的な目標・ビジョン等を踏まえた上で，自社の中長期的なブランド戦略に照らして適切な契約期間を設定する必要がある。もっとも，ひとまず直近に訪れる大きな出場イベントの間だけなど，ごく短期的なスポットでのエンドースメントも可能である。

　駆け出しの選手で将来の活躍が未知数ではあるが，青田買い的に中長期の契約を結びたいような場合，ベースのエンドースメント料を低く抑えた上で，上記【選手側のポイント】で述べたボーナスやインセンティブ報酬の規定で調整することも考えられる。また，契約期間中に選手の故障，不祥事，引退等のエンドースメントの価値を減じる事態が生じる可能性は契約が長期であるほど高まるが，この点は第11条のように，契約解除条項や減額条項で対応できるように手当しておくことが考えられる。

【第3条：エンドースメント対象製品の範囲】

　本契約において「対象製品」とは，運動靴（テニスシューズ，スニーカー及びスポーツサンダルを含むが，これらに限られない。），スポーツウェア（テニスウェア，トレーニングウェア，Tシャツ，タンクトップ，ポロシャツ，アンダーシャ

ツ，ジャージ，フリース，アウター及び靴下を含むが，これらに限られない。）
及びスポーツ用アクセサリー（帽子，ヘッドバンド，リストバンド及びサングラ
スを含むが，これらに限られない。）をいい，「対象製品」のうち本企業が開発，
製造，販売又は配布したものを「本企業製品」という。但し，腕時計（スマート
ウォッチを含む。）及びウェアラブルデバイスは「対象製品」に含まれない。

　エンドースメントの対象となる製品の範囲であり，選手は，ここに含まれる
ウェア，用具，アクセサリー等については第4条第2項のとおり必ずこのスポ
ンサーの製品を使用・着用する義務が生じ，また，スポンサーは，第5条第1
項のとおりこれらの製品について選手の肖像等をマーケティングに使用する権
利を得る。通常は第10条のとおりexclusivityの及ぶ範囲でもあり，曖昧さがあ
ると大きなトラブルが生じうるポイントであって，契約書上は精緻な文言操作
が特に重要となる。
　なお，多数のスポンサーを獲得するほど，各スポンサーに与えるexclusivity
の範囲はパズルのように複雑になる。そのため，大規模なリーグやイベントの
スポンサーシップの場合には，他のスポンサーとの関係でexclusivityの及ばな
い商品・サービスを明示的に列挙するなどして，exclusivityの範囲だけで数
ページにわたるような記載となることも珍しくない。
　また，さらに複雑なアレンジにはなるが，選手の肖像等を使用したマーケ
ティングが可能となる対象製品の範囲と，第10条のexclusivityの及ぶ範囲は，
通常は一致するものの，理論上は必ずしも一致させる必要はない。つまり，前
者の対象製品としては広い範囲の商品・サービスについて選手肖像等の使用を
許諾しつつ，後者のexclusivityはそのうちより狭い範囲の商品・サービスのみ
対象とする（前者に含まれるが後者に含まれない商品・サービスについては，
non-exclusiveとする）ことも技術的に可能である。

【選手側のポイント】

　ここで規定した製品についてはこのスポンサーの製品を使用・着用する義務
が生じるのみならず，第10条のとおり他の企業をスポンサーにできなくなるの

で，慎重な検討を要する。

　例えば，スポーツアパレルの企業でも，スポーツウェアのみならず，限られたラインナップながらフォーマルウェアも製造販売していることがある。その場合，対象製品に「ウェア」とだけ書かれていれば，スポーツウェアのエンドースメントを専ら想定していた選手にとっては思いもよらず，フォーマルな場でもそのスポンサーの（選択肢の限られた）スーツを着用しなければならなくなり，また，スポーツと無関係なファッションブランドについてまで，別途のエンドースメントのチャンスが断たれかねない。このような事態を避けるため，一般論としては，対象製品の範囲はなるべく具体的・限定的な記載とすることが望ましい。

　少なくとも，既存の他のスポンサーの対象製品との重複を生じさせないことは必須であり，また，選手のブランディングやスポンサーシップ収入の最大化のために今後別のスポンサーを獲得することを想定している製品が含まれないよう注意する必要がある。これらの趣旨で確実に除外する必要があるものは，疑義が生じないよう特に明記しておくべきである。サンプルでは，腕時計については既存スポンサーがいたり，ウェアラブルデバイスについては別のスポンサー獲得を検討していたりするケースを想定している。

　また，選手に合わない製品の使用を強制されることで選手のパフォーマンスに悪影響が生じては本末転倒なので，対象製品について実際にそのスポンサーが製造・販売しているラインナップが選手にとって十分なものであるか，事前に確認する必要がある。

【スポンサー側のポイント】

　現在製造・販売している製品のみならず，将来その可能性がある製品まで含めて検討した上で，対象製品の範囲を決める必要があり，漏れをなくす観点からは，なるべく抽象的・包括的な記載としたほうが有利ではある。もっとも，そのスポンサーが製造・販売しておらず，その予定もない製品（つまり，そのスポンサーが選手に提供できない製品）までいたずらに広くカバーするような

記載とすることは，選手の用具等の選択の自由を過度に制限し，トラブルの原因となるおそれがあるので注意が必要である。

　また，現在はそのスポンサーが製造・販売していないが，開発中で近い将来の製造・販売が予想される製品等については，選手による品質・性能のテストを経て，選手が承諾した場合には対象製品に追加する等の一定のプロセスを定めておくことも考えられる。

【第4条：製品の提供・使用と企業ロゴの表示】
〈第1項：製品の提供〉

> 本企業は，本選手がプロテニス選手として活動し，かつ，本契約を履行するために合理的に必要な種類及び数量の本企業製品を，本選手からの要求に従い，随時遅滞なく提供する。

　選手にはスポンサーの製品を使用・着用する義務がある以上，アスリートとして活動するのに十分な種類・数量の製品を，スポンサーからタイムリーに提供してもらう必要がある。必要な種類・数量が明確に予想できるのであれば，提供する具体的な種類・数量やその上限等を定めることも可能だが，実際の必要性に応じてある程度柔軟に提供を行う想定であれば，サンプルのような規定ぶりが好まれる。後者は多少曖昧な定め方にはなるが，選手が自分に合った製品で気持ちよく最高のパフォーマンスを発揮できることはスポンサーの利益にもなるし，使い古したボロボロの製品が観衆の目に触れることはスポンサーにとっても必ずしも望ましくないので，基本的には，選手が必要とするだけの製品をタイムリーに提供する点につき選手とスポンサーの利害は一致しており，争いが生じることは少ないと言える。

　もっとも，選手として必要な用具等につき，明確なグレードやブランド等の指定がある場合には，明記しておくことが望ましい。また，製品提供の手続（選手からの請求書の提出，製品提供の期限・方法，在庫不足時の代替品の提供等）について具体的に規定しておくことも考えられる。

　なお，プロアスリートとしての活動のために必要な分とは別途，エンドース
メント料の一部現物払いのような意味合いも兼ねて，個人的な使用のために，
選手が希望する製品を一定の金額分まで無料で交付することが合意される場合
もある。その場合，あくまで個人的な使用のためなので，転売等はしてはなら
ない旨を明記しておくべきである。

〈第2項：製品の使用〉

> 本選手は，本契約期間中，全てのテニスの試合，練習及びトレーニング（テニス
> コートにおけるものに限らないが，メディア露出又は公衆の目に触れることが合
> 理的に予想される場合に限る。）において，対象製品について本企業製品のみを
> 着用及び使用するものとし，プロテニス選手としての活動に関連するメディアに
> よる取材及び撮影，又は本選手が第三者の製品及びサービスの広告宣伝等を行う
> 場合も，同様とする。但し，当該メディア又は第三者がこれに同意しない場合に
> は，この限りでない。

　対象製品についてはスポンサー製品のみを着用・使用するという選手の基本
的な義務につき規定している。あらゆる大会や練習を対象とすることが通常だ
ろうが，特定の大会や状況のみに限定することも可能である。
　また，すべての大会，練習等を対象とするとしても，対象製品の範囲・種類
によっては，選手の私生活にも及ぶ過度な義務を課すことになりうるし，公の
目におよそ触れない場合にまで着用・使用を強制することはスポンサーにとっ
てのメリットも実効性もないことから，一定の合理的な限定が付されるべきで
ある。サンプルでは，メディア露出や公衆の目に触れることが想定されるケー
スでのみ着用・使用の義務が課されるものとしてバランスを図っている。

【選手側のポイント】

　選手個人としては常にスポンサー製品を着用・使用するつもりでも，第三者
との関係での配慮が必要になりうる点に注意が必要である。例えば，メディア

に出演する際に，そのメディアのスポンサー等との関係で，選手が自分のスポンサーの製品を着用・使用して出演することを控えるよう要請されることがありうる。選手が他のスポンサーの販促イベントに登場するような場合も同様である。スポンサーである時計メーカーの新商品の発売イベントに，別のスポンサーであるアパレルメーカーの巨大なロゴが描かれた衣装で登場されては，一体どのメーカーの宣伝なのかわからず，時計メーカーとしては許容し難いケースもあるだろう。

そのため，それらの場合には選手によるスポンサー製品の着用・使用の義務が免除される旨を規定しておくことが考えられる。サンプルでは，メディア出演や他のスポンサー関連の活動等の場合にも原則としてスポンサー製品を着用・使用することを想定しつつ，それらのメディア，他のスポンサー等が同意しない場合には着用・使用しなくてもよい形としている。

その他に，選手個人の意向にかかわらず，スポンサー製品の着用・使用が制約されうるケースとしてより重要なのは，大会等のルールとの関係であり，これについては，本条第4項を参照されたい。なお，個人スポーツではなく，チームのユニフォームのあるチームスポーツにおいては，チームのユニフォームの着用が優先されることは当然であるが，その場合でも，ユニフォーム以外の着用品（練習着，アンダーシャツ，シューズ，アクセサリー等）について，具体的にどの範囲で選手が自由に着用・使用できるか（例えば，チームの公式練習ではない，スタジアム内での自主練習ではどうか）は，リーグやチームのルールにもより，しばしば複雑な取扱いとなるため，注意が必要である。

〈第3項：企業ロゴの表示〉

> 本選手は，本企業製品を着用及び使用する場合，合理的に可能な範囲で，(i)本企業から提供された状態のままで着用及び使用し，(ii)本企業製品に付された本企業又はブランドの名称，ロゴその他のマーク（以下総称して「本企業ロゴ」という。）が外部より視認できる状態となるようにし，(iii)本企業ロゴを故意に隠し，破損し，汚損し，又は改変してはならず，(iv)本企業ロゴ以外の第三者の名称，ロ

> ゴその他のマークを本企業製品に付してはならない。

　選手の活動を通じてスポンサー製品やロゴが大衆の目に触れることによるブランド認知・イメージの向上が目的である以上，スポンサー製品を選手が勝手に改造して販売品とは異なる状態・デザインで使用したり，ブランドロゴを隠す，剥がす等して使用したりすること等を禁止する条項である。

　特に，スポンサー製品に他の企業のロゴ等を表示することを許すかどうかは，重要な問題である。典型的には，スポンサーであるアパレルメーカーのウェアに，他のスポンサーのロゴを貼り付けるケースである。もちろん，アパレルメーカーのロゴの上に重ねて他のスポンサーロゴを貼り付けるようなことは許されないとしても，露出効果の大きいウェアの胸，袖，背面等へのブランドロゴの掲載は他のスポンサーにとって非常に魅力的であり，選手が他のスポンサー獲得を目指す上で大きなプラスとなる。

　これが許容される否かは，製品の種類やスポンサーのポリシーにもより，ケースバイケースの交渉となる。例えば，ナイキは，自社アパレルのエンドースメントにおいて原則としてこれを許容しないポリシーであると言われているが，中国のテニスプレイヤーに対して例外を認めているケースもあるとされる[3]。

　サンプルではこれを禁止する内容にしているが，許容する場合には，特にスポンサー側としては，その数，位置，サイズ等の物理的な詳細に加えて，企業イメージ等との関係で禁止される業種（例えばタバコやアルコール）を具体的に規定しておくべきであり，また，少なくとも競合他社のロゴが許容されないよう注意する必要がある。なお，大会等のルールにおいて，アパレルに掲載する企業ロゴの位置，数，業種等が制限されうることについては本条第4項を参照されたい。

3　Daniel Kaplan "Nike loosens rules, Chinese players sell patch space" SBJ 2019年2月18日号。

〈第４項：大会等のルールとの抵触〉

本選手による前二項に定める義務の履行は，本選手が参加するテニスの大会，ツアー等の主催者，統括団体等の定める規則等（ITF，ATP及びIOCが定める服装に関する規則等を含む。）に本選手が違反することとならない限度でなされれば足りるものとし，かかる違反のおそれが生じた場合には，本選手及び本企業は，対応について誠実に協議する。本選手が団体戦の出場者としてチームのユニフォーム等を着用又は使用する必要がある場合についても同様とする。

　Ⅲ②(1)やⅣ②(5)でも述べたとおり，大会・ツアーやイベント等のルールにおいて，出場選手の服装等について制限が設けられている場合があり，違反すれば，参加資格剥奪等の処分の対象となりうる。そのため，選手としては，スポンサー製品の着用・使用によりそれらのルールに違反してしまうような場合には，その製品を着用・使用して大会等に出場することは通常できないのであり，そのことをもって選手によるエンドースメント契約違反とはならない旨を定める条項である。

　例えば，ATPでは，ツアー出場中の服装・着用品等についてルールが設けられており，2023年時点では，帽子・ヘッドバンドへの企業ロゴの掲出については，そのアパレルメーカーまたはテニス用品メーカーのロゴの他はサイド部分に１社のみ，かつ，いずれのロゴも４平方インチ以内と定められており，また，ウェアへの企業ロゴの掲出については，数，サイズ，掲出箇所等についてさらに詳細に定められている[4]。

　また，サンプルでは，個人スポーツであっても，チームの公式ユニフォーム等が指定された団体戦に出場するようなケースについて，選手がスポンサー製品ではなくそのチームの公式ユニフォーム等を着用・使用してもよい旨を，あわせて規定している。

4　The 2023 ATP Official Rulebook 8.04 L. 1) a) ii) 3 および 6 参照。

〈第5項：選手のパフォーマンスへの影響〉

> 本企業は，本選手による本企業製品の着用及び使用が，プロテニス選手としての本選手のパフォーマンスに影響しうることを認識しており，本選手に提供する本企業製品に欠陥，不具合等がなく，プロテニス選手による着用及び使用に適した性能を有しており，その着用及び使用が本選手のパフォーマンスに悪影響を与えることがないよう，合理的な努力を尽くす。

　用具等の製品の種類によっては，その仕様，品質，欠陥等が，選手のパフォーマンスに直接または間接の影響を及ぼすことになる。もちろん，エンドースメントにより選手のパフォーマンスに悪影響が出てしまっては本末転倒であり，スポンサーもそれを望んでいないが，万が一にもそのような事態が生じないよう，スポンサーは細心の注意を払うことを求められる。本項はその旨をスポンサーの努力義務の形で規定している。

　なお，製品のうち，少なくとも選手のパフォーマンスに影響を及ぼしうるものについては，契約締結前に，その仕様等が選手として満足できるものか，実際に選手が着用・使用のテストを行うことが通常だろう。その場合，スポンサーとしては，後に争いを生じないよう，仕様等が満足できるものであることを選手が事前にテストした旨の確認条項を入れておくことも考えられる。

【第5条：スポンサーへの権利付与】

〈第1項：権利の付与〉

> 本選手は，本企業に対して，本契約期間中，全世界において，本企業製品の製造，販売，広告及びマーケティングに関連して，メディア・媒体の形態を問わず，本選手の氏名，ニックネーム，サイン，肖像，発言，音声，経歴，競技成績等（以下総称して「氏名・肖像等」という。）を使用する権利を授与する。但し，具体的な使用の方法，内容等については，本選手による都度の事前の承諾を要する。

　エンドースメント契約の最も基本的な要素の1つとして，選手の氏名・肖像

等をマーケティング等に使用する権利をスポンサーに与えるものである。その
ような権利授与の対象となりうる（＝スポンサーがマーケティング等に活用し
うる）ものとしては，それ自体から消費者が選手を識別できる氏名や肖像以外
にも，選手のイメージと密接に結びつく様々な情報等が考えられる。例えば，
選手の背番号は，必ずしもその数字だけで選手を連想させるものではないが，
選手の氏名・肖像等と組み合わせて使用すること（『○○選手応援キャンペー
ン！』として，その背番号にちなんだ数のスポンサー製品をプレゼントする
等）で，選手のイメージとスポンサーおよびその製品との連想をより強化・具
体化することができる。

　権利授与の法的な性質としては，基本的に，選手による肖像権やパブリシ
ティ権のライセンスと見ることができる。また，選手の著書や，選手自ら撮影
した写真，登録した商標等についてあわせて使用を許諾するケースもあり，そ
の場合は，これらの著作権，商標権等のライセンスともなる。

　スポンサーが氏名・肖像等を使用してよいメディアの範囲についても検討を
要する。特に，メディアの多様化により，例えば映像広告1つとっても，地上
波テレビ，衛星テレビ，ケーブルテレビ，各種コンテンツ配信サービス・サイ
ト，SNS，街頭ビジョン，映画館放映，機内・車内（航空機，電車，タクシー
等）放送等，様々なものが考えられる。そのため，使用できるメディアを限定
する場合には，その他の各種画像・グラフィック広告やラジオ広告も含めて，
具体的に規定する必要がある。

　また，スポンサーにこれらの権利を与えるとしても，実際の使用にあたって
は，選手に関する誤った事実・情報が含まれていないか，選手以外の第三者の
権利を侵害するような使われ方や，選手自身のイメージ，ブランディングやポ
リシーの観点から好ましくない使われ方がされていないか等の確認のため，選
手に事前チェックの機会が与えられるのが通常である。あるいは，事前チェッ
クの機会までは与えられないとしても，事後的な修正の要請が可能とされるこ
ともある。

　サンプルでは，使用が許される氏名・肖像等やメディアの範囲をいずれも包

括的に広く規定していることとのバランスも考慮して，実際の使用については個別に選手の事前承諾を要するものとしている。他方で，効果的なマーケティングの実施のためには迅速な判断が必要となりうることから，スポンサーから承諾の要請を受けてから一定期間が経過しても選手が諾否を決定しない場合には，選手が承諾したものとみなされる旨の規定をおくケースもある。

　なお，サンプルでは端的に「全世界において」と規定しているが，権利付与の対象を一定の国・地域（テリトリー）に限定するケースもある。例えば，世界的に人気のある選手を専ら日本国内におけるマーケティングにのみ起用するような場合である。もっとも，メディアの多様化に伴いマーケティングも多チャンネル化し，かつ，インターネット等を通じて容易にマーケティング活動およびその成果物が国境を越えうる現代においては，地理的制限の具体的な内容・範囲が争いになりやすい。そのため，地理的範囲を限定する場合には，メディアごとにどのようなケースが許容・禁止されるか（例えば，世界中からアクセス可能なスポンサーのSNSでの使用はどうか），可能な限り具体的に検討・規定しておくことが望ましいだろう。

〈第2項：第三者に関する権利の付与〉

> 本契約のいかなる規定も，本企業に対して，ITF，ATP，IOCその他の第三者の商標，ロゴ，マーク等を使用する権利その他第三者の知的財産権に関する権利を与えるものではない。

　スポンサーが選手の肖像等を使用する際，例えば，開催前後の大会のロゴや，所属するチームのユニフォーム等とあわせて使用できれば，より効果的に選手の活躍との連想を生じさせることができる。しかし，当然ながら，この契約に基づいて選手が使用許諾するのはあくまで選手が権利を保有する選手自身の氏名・肖像等であって，大会，団体，チーム等が権利を保有するマーク等の使用を許諾するものではない。

　スポンサーが無許可でこれらの大会ロゴ等を使用した場合，知的財産権の侵

害として大会主催者等に対して直接に責任を負いうるのはそのスポンサーである。もっとも，Ⅳ②⑸でも述べたとおり，大会やチームの規則，契約等によっては，これらのスポンサーの行為により，選手が参加資格喪失等の不利益を被るおそれもある。

　そのため，選手としても，この点につきスポンサーに万が一にも誤解が生じないようにする必要があることから，本項において注意的に規定している。

〈第3項：大会等のルールの遵守〉

> 本企業は，第1項に基づき授与された権利につき，本選手が参加するテニスの大会，ツアー等の主催者，統括団体等の定める規則等（ITF，ATP及びIOCが定める規則等を含む。）に違反する態様（本選手が当該規則等に違反することとなる態様を含む。）で行使してはならず，かかる違反のおそれが生じた場合には，本選手及び本企業は，対応について誠実に協議する。

　Ⅲ②⑴で述べた，オリンピック大会開催期間中における選手の肖像等の使用に関して定めるRule 40のように，スポンサーによる選手の肖像等の使用について，団体・大会等が定めるルールにおいて制限が設けられている場合がある。この場合，スポンサー自身がそれらの団体・大会等と直接の契約関係にない限り，スポンサー自身がそのルールの遵守につき法的義務を負うものではないものの，スポンサーの行動により選手がルール違反となる場合には，選手が参加資格剥奪等の処分を受けうることはⅣ②⑸でも述べたとおりである。

　そのため，本項では，そのような事態を避けるため，スポンサーが，それらのルールに違反するような態様で選手の肖像等を使用してはならない旨を定めている。この点，本条第1項のように，スポンサーによる選手の肖像等の具体的な使用について選手の事前承認が必要とされていれば，その際にルール違反の有無につき選手側で事前に確認することも一応可能であるが，実際にはあらゆる使用方法・態様等につき選手側ですべて個別に確認することは必ずしも容易ではないことから，重ねて本項を規定しておく意味はあると考えられる。

【第6条：撮影等に関する選手の協力義務】
〈第1項：協力義務〉

> 本選手は，本契約期間中，以下の目的及び回数により，本企業からの要求に従い，本企業のマーケティングその他の活動に協力するものとし，その具体的な日程，場所及び内容については，本選手のプロテニス選手としての活動に支障を生じさせない範囲で，本企業及び本選手の別途の合意により決定する。
>
> (1)　1契約年度あたり◯回，1回あたり◯時間（移動時間を含まない。）を限度として，本企業製品の販売，広告及びマーケティングのための写真，動画，録音その他のコンテンツの撮影，制作等に参加その他協力する。
> (2)　1契約年度あたり◯回，1回あたり◯時間（移動時間を含まない。）を限度として，本企業製品の販売，広告及びマーケティングに関連する本企業のイベント，記者会見その他のPR活動に参加その他協力する。
> (3)　1契約年度あたり◯回，1回あたり◯時間（移動時間を含まない。）を限度として，本企業の役職員との親善テニス，懇親会その他の社内向けイベントに参加その他協力する。

　第5条第1項によるスポンサーに対する権利の付与は，スポンサーが選手の氏名・肖像等を使用することを選手が許諾するという，選手にとっては受動的・消極的な内容にすぎず，実際にスポンサーがそれらを使用するにあたって選手が積極的な協力を行うことまで約束するものではない。そのため，スポンサーとして，選手を起用したポスターや出演CMを撮影するため協力してもらったり，スポンサーやその製品の紹介・PRのためのイベントに登場してもらったりなど，販促・マーケティングのために選手の積極的な協力を要する場合には，第5条第1項とは別途，本項第(1)号および第(2)号のようにその旨を規定する必要がある。

　その他，選手が個人のウェブサイト・ファンサイト等を有している場合には，そのサイト上でのスポンサーの紹介，スポンサーロゴの表示やスポンサーサイトへのリンクの設定等について定めることもある。また，販促・マーケティング以外でも，スポンサーシップのメリットの最大化のため，選手のイベント参

加その他の協力を想定する場合には，同様にその旨を規定する。典型的には，テニスやゴルフであれば，本項第(3)号のように，スポンサーの役職員との親睦のために一緒にプレイしてもらったり（スポンサーの取引先の接待を兼ねる場合もある），懇親会，納会等の社内イベントにゲストとして出席してもらったりである。また，選手の名前等を冠したブランドや監修・共同開発をセールスポイントとする製品等，商品開発に協力してもらうこともありうる[5]。

　これらにつき具体的にどの程度の協力が必要となるかはケースバイケースであり，当事者間の認識・想定にズレが生じるおそれは小さくないし，本業のスポーツで多忙な選手にとって，これらの協力に伴う時間的・体力的な負担は極めてセンシティブな問題である。そのため，少なくとも日数・拘束時間については，合計何日間，1日当たり何時間，のように明確に合意することが望ましい。また，特別な移動・負担を要するであろう海外での撮影等を想定する場合には，特にその旨と回数・日数等を明確にしておくことも考えられる。特に，シーズンスポーツの場合，シーズン中とオフシーズンとで選手の時間的・体力的余裕は大きく異なるので，その点を区別した内容とすることもありうる。

　選手による協力の具体的な日程，場所および内容については，確定している範囲であれば記載してもよいが，契約締結時点で未確定の場合には，サンプルのように双方の別途の合意で決定することが考えられる。

　なお，これらの決定にあたっては，スポンサー側の制作スケジュール等の都合もあるものの，当然ながら，アスリートとしての選手の活動スケジュールを優先するのが原則であり，そこには，試合・大会等に限らず，それらに向けたトレーニング，ミーティング，移動，休息等のすべてが含まれる。また，スケ

5　製品・ブランドの共同開発を行う場合には，その成果物や知的財産権の権利関係について明確にしておくことが望ましい。特に，エンドースメントが終了する際に，それらの帰属が争いになるケースが少なくないからである。例えば，NBAのカワイ・レナード選手とナイキは，エンドースメント契約の期間中に，同選手の特徴である巨大な掌にフィーチャーした"Klaw"ロゴを共同制作したが，契約の終了後，そのロゴの権利をめぐって争いとなり，訴訟にまで発展している。Michael McCann "Kawhi Leonard Loses Copyright Lawsuit Against Nike Over Logo" Sports Illustrated（2020年4月23日）〈https://www.si.com/nba/2020/04/23/kawhi-leonard-loses-lawsuit-against-nike〉。

ジュール面以外でも，選手の繊細なコンディショニングに悪影響を及ぼしうる
内容（例えば，極端な気候等での撮影や，過度の運動・パフォーマンスの要求
等）は避ける必要がある。

　いずれにせよ当事者の合意を必要とするのであれば基本的には問題は生じな
いと考えられるが，本項では，合意するとしても，プロ選手としての活動に支
障を生じさせない範囲とする旨を念のため簡単に明記している。この点につい
ては，本条第4項も参照されたい。

〈第2項：費用負担〉

> 本企業は，第7条に定める本エンドースメント料の支払とは別途，本選手が前項
> に定める協力を行うために要する旅費交通費（ファーストクラスの往復航空券を
> 含む。）及び宿泊費（国際的に評価されたハイクラスのホテルとする。）を負担す
> るものとし，その具体的な金額については本企業及び本選手の間で事前に確認す
> る。

　撮影場所等への移動や宿泊を伴う場合の費用負担について規定する。これら
の費用はスポンサーが負担することが通常だが，特に，航空券やホテルについ
ては，そのクラスやグレードに大きな幅があるので，ファーストクラスかビジ
ネスクラスか，4つ星以上か5つ星か等，できるだけ具体的に合意することが
望ましい。また，選手に付き添うマネージャーやエージェント分の費用負担を
含むケースもあるし，例えば，遠隔地での滞在が数日にわたることが想定され
るような場合の食費や，選手に帯同する家族分の費用負担が合意されることも
ある。選手が移動につきプライベートジェットを利用する可能性もあるケース
では，その取扱いについても考慮する必要がある。

〈第3項：SNS投稿〉

> 本選手は，本契約期間中，1契約年度あたり○回を限度として，本企業からの要

> 求に従い，本選手のSNS（Facebook，Twitter，Instagram，TikTok又は当事者が別途合意したその他のSNSとする。）アカウントにおいて，本企業製品の販売，広告及びマーケティングに関連する内容の投稿を行う。かかる投稿は，本企業からの要請に基づく広告・PRであることを明らかにして行われるものとし，その具体的なSNSの種類及び投稿内容については，事前に当事者の合意により決定する。

　近年のエンドースメントにおいて典型的な内容として，選手のSNSにおけるスポンサーまたはその製品の広告・PRの投稿について規定している。最低限，その具体的な回数やSNSの種類は明確にしておくべきである。

　選手としては，内容にかかわらずスポンサーが一方的に決めたとおりに投稿することを強制されるべきではないし，効果的なマーケティングとする意味でも，一定程度は選手自身の言葉を交えてアピールするほうが望ましいケースは多いだろう。他方で，スポンサーとしても，投稿内容について選手に任せすぎた結果，適切ではない投稿をしてしまい炎上するようなことは絶対に避けなければならない。その他，景表法やステマとの関係で注意が必要な点については，Ⅳ②を参照されたい。

　これらの観点から，具体的な投稿方法・内容については各当事者として慎重に検討する必要があり，サンプルでは，実際の投稿の詳細に関しては両当事者の合意を前提としていることに加えて，ステマとして問題とならないよう，広告であることを明らかにした形での投稿とすることを明記している。

〈第4項：選手のスケジュールの優先〉

> 本企業は，プロテニス選手としての本選手の活動スケジュール（試合，大会，トレーニング，移動，休息，施術その他のコンディション管理を含む。）を最大限尊重し，本条に定める選手の協力その他の行為が，かかるスケジュールと矛盾又は抵触せず，かつ，プロテニス選手としての本選手のパフォーマンスに悪影響を及ぼさないよう最大限配慮しなければならない。

　選手がアスリートとして活躍することがエンドースメントの価値および効果を高める以上，エンドースメントに関する取組みによって選手のパフォーマンスに悪影響が生じることは誰の得にもならない。そのため，本項では，本条第１項でも述べたのと同趣旨により，選手のスケジュールの尊重と，パフォーマンスへの影響に関する配慮について，本条一般に適用される形で注意的に規定している。

【第7条：エンドースメント料】
〈第1項：基本エンドースメント料〉

> 本企業は，本選手に対して，以下のスケジュールに従い，本選手の指定する銀行口座への振込により，本契約に定める本選手によるエンドースメントの対価として，以下に定める金額（消費税別途）を，源泉徴収すべき金額を控除した上で支払う。
>
> ＜契約金＞
> 　○円を本契約締結日から○営業日以内に支払う。
> ＜第1契約年度の基本エンドースメント料＞
> 　○円を○年○月○日までに支払う。
> ＜第2契約年度の基本エンドースメント料＞
> 　○円を○年○月○日までに支払う。
> ＜第3契約年度の基本エンドースメント料＞
> 　○円を○年○月○日までに支払う。

　最も基本的な契約条件であるエンドースメント料については，その金額および支払時期・方法を明確に定める必要がある。もっとも，選手に与えられる報酬は必ずしも現金のみとは限らず，一定の物品や，ユニークな例としては，スポンサー企業の株を与えるアレンジもある。
　例えば，ニューヨーク・メッツのデイビッド・ライト選手は，飲料メーカーのVitaminWaterのエンドースメントの対価として，2006年に同社の株を受け取った。その翌年2007年，同社の親会社がコカ・コーラに巨額で買収されたこ

とにより，同選手が保有していた株は2,050万ドルにもなったと言われている[6]。他にも，NFLのスター選手のトム・ブレイディ選手も，2010年，Under Armourのエンドースメントの対価として同社の株を受け取っている[7]。

　さらに，大谷翔平選手らが，暗号資産企業のFTX社とアンバサダー契約を結び，その対価として暗号資産を受け取った例もある[8]。

　支払時期については，契約期間中の定期的な分割払いの他，サンプルのように契約締結直後の契約金の支払を合意するケースもある。

　なお，特に個人スポーツにおいて選手が企業と「所属契約」を締結するような場合（Ⅲ②(1)参照）などは，エンドースメント料とは別途，ツアー参戦のための渡航費や用具代等の費用をスポンサーが負担する旨が合意されることもある。

〈第2項：特別エンドースメント料〉

> 前項に定める基本エンドースメント料に加えて，本選手が各契約年度において以下の事項を達成した場合，本企業は，本選手に対して，かかる達成後○営業日以内に，本選手の指定する銀行口座への振込により，当該契約年度に係る特別エンドースメント料として，以下に定める金額（消費税別途）を，源泉徴収すべき金額を控除した上で支払う。
>
> ＜各グランドスラム（ウィンブルドン選手権，全米オープン，全仏オープン及び全豪オープン）男子シングルス＞
>
> 　本選出場：　　　　x円
> 　ベスト8：　　　　y円
> 　ベスト4：　　　　z円

6　Richard Morgan "David Wright's retirement should be cushy thanks to VitaminWater" New York Post（2018年9月14日）〈https://nypost.com/2018/09/14/david-wrights-retirement-should-be-cushy-thanks-to-vitaminwater/〉。

7　Steve Schaefer "Tom Brady, Under Armour Shareholder" Forbes（2010年11月8日）〈https://www.forbes.com/sites/steveschaefer/2010/11/08/tom-brady-under-armour-shareholder/?sh=71d0e51726e6〉。

8　「大谷，仮想通貨の広告塔に　FTXとアンバサダー契約」日本経済新聞（2021年11月17日）。ただし，その後のFTXの破綻については，Ⅱ②(2)参照。

準優勝：　　　　　○円
優勝：　　　　　　○円
※　各大会毎に計算・支払を行うが，同一大会においては上記の金額は累積的ではなく，達成した最良の結果に対応する金額のみとする（例えば，ウィンブルドン選手権で本選出場のみ，全米オープンでベスト4の場合，特別エンドースメント料は，ウィンブルドン選手権についてx円，全米オープンについてz円がそれぞれ支払われる）。

<各契約年度中の○月○日時点におけるATPランキング（男子シングルス）>
6〜10位：　　　　○円
4〜5位：　　　　　○円
3位：　　　　　　○円
2位：　　　　　　○円
1位：　　　　　　○円

　エンドースメント料について特にポイントとなるのは，選手の成績等に応じたボーナス・インセンティブ報酬である。エンドースメントによる製品・サービスの露出（すなわち選手の露出）やイメージアップは，通常はその選手の試合・大会での活躍に左右される。しかし，スポーツの本質から選手の活躍は予想が難しいところ，スポンサーとしては，活躍が未知数である以上，できるだけエンドースメント料は抑えておきたいが，他方で，選手としては，活躍できる自信があるほど，その活躍に見合った金額を約束してほしい。このような場合，ベースのエンドースメント料は比較的抑えた上で，選手が一定の成績・マイルストーンを達成した場合の追加のボーナス・インセンティブ報酬を合意しておくことは，選手の実際の活躍とそれに対応してスポンサーが実際に得られる利益を適切にエンドースメント料に反映できることにより，双方にとって合理的なアレンジ・妥協点となりうる。
　ボーナス・インセンティブ報酬の支払の基準となる成績・指標は柔軟に設定可能だが，典型的なものとしては，テニスやゴルフ等の個人スポーツであれば，特定の試合・大会（オリンピックを含む）への出場や順位，メダル獲得，世界

ランキング等であり，野球やバスケットボール等のチームスポーツであれば，個人の成績（出場試合・時間，ホームラン，勝利数等）や表彰（MVP，オールスター，新人王等）に加えて，チームの成績（順位，プレイオフ進出等）である。なお，やや余談になるが，選手の成績に応じたボーナス・インセンティブ報酬の設定は，プロスポーツにおけるチームと選手の間の選手契約においても一般的に行われているところ，特にMLBにおいては，ホームラン数，打率，勝利数，防御率等の，一部の成績に応じたインセンティブ報酬が禁止されている[9]。これに対して，エンドースメント契約におけるボーナス・インセンティブ報酬については，そのような制約はなく，当事者間の合意次第で自由に設定可能である。

　他方，ボーナス・インセンティブ報酬とは逆に，選手が契約期間中に期待される最低限の活躍ができなかった場合のエンドースメント料の減額につき定めるケースもある。例えば，レギュラーシーズン中，スタメン出場しなかった試合数に応じて減額する規定等である。

【スポンサー側のポイント】

　契約期間中の選手の故障・不祥事等に対応するためにエンドースメント料の減額・返金について規定したとしても，実際には，一度支払ってしまったものを後から回収するのは簡単でないケースも多い。選手が任意に返金に応じてくれればよいが，そうでない場合，最終的には訴訟をして判決を得た上で強制執行する必要があり，これには相当の時間と費用がかかるし，せっかく判決を得

9　MLBにおいては，打席数，先発数，投球回数等の「量」的な成績に応じたパフォーマンスベースと，オールスター，MVP，サイヤング賞等に応じたアワードベースの2種類のインセンティブ報酬が一般的に用いられているが，前者のパフォーマンスベースに関して，ホームラン数，打率，勝利数，防御率等の「質」的な成績に応じたインセンティブ報酬が禁止されている。これらの「質」的な成績こそ，まさに選手の能力や活躍を表すものとも考えられるが，例えば，あと1本ホームランを打てば1,000万円のインセンティブ報酬が得られる，という場合に，試合状況やチームの方針を無視して強引にホームランを狙ってしまうなど，チームの利益と相反するインセンティブが選手に働いてしまうおそれがあることが禁止の理由の1つとされる。

ても，選手が回収に十分な資産を有していなければ絵に描いた餅である。さらに，選手が海外ベースの場合には，訴訟・強制執行に要する時間と費用がさらに膨らみうるのみならず，そもそも実務的にそれらによる回収が難しいケースもある。

　これらを踏まえて，エンドースメント料の支払のタイミングは，可能であれば後払いが望ましい。もっとも，選手としては，できるだけ先払いを受けて取り急ぎの活動資金に充てたいケースもあるし，スポンサーとしてはエンドースメントにより日々の利益を得ている以上，完全な後払いを合意することは通常は難しい。その場合でも，分割払いとしたり，ボーナス・インセンティブ報酬の比重を増やすなどの工夫は検討可能である。

【第8条：スポンサーによる寄付】

> 本企業は，本選手が指定し，本企業が同意（本企業は不合理に同意を遅延，留保又は拒絶できない。）する慈善団体又は公益団体に対して，各契約年度あたり○円の寄付を行う。

　アスリートによる寄付やチャリティが盛んな欧米では，エンドースメント契約の一環として，スポンサーによる慈善団体等への寄付が合意されることがある。もちろん，選手がいったんスポンサーからエンドースメント料を受け取った上で，個人的に寄付を行うことも選手の自由であるが，それと異なりスポンサーが直接に寄付を行うことにより，選手の所得の圧縮やスポンサーにおける税務の観点から，双方にとってメリットがありうる。また，社会貢献活動におけるスポンサーと選手の協調を示すことにより，両者の関連性をよりアピールし，エンドースメントの効果を高めることにもつながるし，そもそもスポンサー自身のESG経営やCSR活動のアピールにもなりうる。

　寄付先は一般的な慈善団体・公益団体の他にも，特にそのスポーツの振興と関連する団体・活動（ユーススポーツ団体やクリニック）等がありうる。具体的な寄付先は選手が一方的に指定できる形でもよいが，スポンサーとして，税

制上の優遇措置や，万が一にもスポンサーのポリシー等に反する寄付先ではないか等を事前に確認するためには，企業の同意を必要としておくことが望ましい。なお，特に海外のトップアスリートは自ら基金・財団等を設立しているケースも多く，そこを寄付先として指定することもある。

　寄付は金銭のみとは限らず，スポンサー製品やその他の物資，またはそれらの組み合わせもありうる。

【第9条：選手の大会出場義務】

> 本選手は，負傷又は疾病その他のやむを得ない事由により出場が不可能又は困難な場合を除き，各契約年度において，ATPツアー500以上のトーナメントに少なくとも○回以上（但し，出場資格を得られたグランドスラムについては全て）出場するよう誠実に努力する。

　スポンサーとしては，スポンサー期間中，その選手のアスリートとしての活動が公衆の目に触れることがスポンサーシップの前提であるから，特にテニスやゴルフ等，選手自身が大会等へのエントリーを決められるスポーツに関しては，故障や病気等のやむを得ない場合を除き，選手が出場すべき具体的な大会等またはその数を定めることが考えられる。

　そのような規定を置く場合には，あわせて，その条件を充足しなかった場合のスポンサーの救済手段についても検討する必要がある。具体的には，契約解除の他，未達の割合に応じたエンドースメント料の減額・返金や，追加のエンドースメント料の支払なしでスポンサーが契約を一定期間延長できるオプション等を定めるケースもある。

　サンプルでは，トーナメント出場の意思決定はあくまでプロアスリートとしての選手の専門的判断に委ねられるべきことを前提にしつつ，一定の範囲でスポンサーに配慮し，選手は出場の努力義務のみ負うものとしている。

　なお，故障や病気等により長期にわたり欠場する場合や，選手が引退した場合については，第12条第2項も参照されたい。

【第10条：選手の禁止行為】

> 本選手は，本契約期間中，以下の行為をしてはならない。
>
> (1)　対象製品について，本企業の事前の承諾なくして，第三者との間で広告，マーケティング，エンドースメント，開発協力，コンサルティング等に関する契約を締結し，その他これらに類する行為をすること。
> (2)　本企業若しくはその関連会社又はそれらの製品・サービス（本企業製品を含むが，これに限られない。）の評判又はイメージを直接又は間接に著しく害する発言その他の行為をすること。
> (3)　ドーピング違反その他の競技への参加資格に関わるルールの重大な違反をすること。
> (4)　法律，条例，規則等（日本国内か海外かを問わない。）に違反し（但し，交通法規等の軽微な違反を除く。），又は公序良俗に反する行為をすること（不貞，家庭内暴力，差別的言動及びアルコール，薬物等の濫用を含むが，これらに限られない。）。

　様々な観点から契約期間中に選手がしてはならない行為を明示，列挙している。

　第(1)号は，対象製品については選手が他社製品をいかなる形でもエンドースメントしないことを規定する条項である。これにより，選手によるスポンサー製品のエンドースメントがexclusiveであることを明確にしている。これまで述べたとおり，exclusivityの範囲は極めて重要なポイントであるため，契約上の規定ぶりという技術的な観点からも，対象製品の範囲とあわせてよく検討する必要がある。その際，特に選手側としては，一企業の活動は思いのほか広範囲にわたりうるという点にも留意する必要がある。

　例えば，選手とアパレルメーカーとのエンドースメント契約において，アパレルカテゴリーについてexclusivityを与える趣旨で，「アパレルを製造又は販売する企業との間で，選手はエンドースメント契約等を締結してはならない」という規定が入っていたとしよう。この場合に，選手が，新たに飲料メーカー

との間でエンドースメント契約を締結しようとしたところ，実はその飲料メーカーはサイドビジネスで小規模なアパレル事業も展開していたという場合，その飲料メーカーは，形式的には，「アパレルを製造又は販売する企業」に該当することになる。その結果，選手としては，飲料カテゴリーのみを対象としたエンドースメントを意図しているにもかかわらず，その飲料メーカーと契約することにより，アパレルメーカーとの契約に違反してしまうという事態に陥りかねない。

　他方，企業側としては，本号よりさらに厳しく，競業他社やその製品についてのポジティブな発言まですべて禁止することも一応考えられる。なお，競業他社との関わりを持つことを比較的広く禁止するような場合には，選手側としては，競業他社の範囲に注意すること（特に，前述のアパレルの例のように，スポンサーおよび他社の市場シェアの多寡や，その事業が主な事業か否かなどを問わないとすれば，形式的には，思わぬ企業まで広く「競業他社」に該当しかねない）はもちろん，競業他社が主催またはスポンサーする大会等への参加が違反にはならない旨を明記しておくことも検討する必要がある。

　関連する事例として，サッカーのブラジル代表のスターであったロナウジーニョ選手は，2012年にブラジルのアトレティコ・ミネイロに移籍した際の記者会見で，テーブルに置かれたペプシを口にした。ペプシはクラブのスポンサーであったが，ロナウジーニョ選手のスポンサーであったコカ・コーラはこれを問題とし，ロナウジーニョ選手とのスポンサーシップ契約を解除した。これによりロナウジーニョ選手は75万ドルものスポンサーシップ料を失ったと言われている[10]。

　また，exclusivityとは別の問題として，スポンサーの観点から保たれるべき選手のイメージの維持のために，タバコ，ギャンブル等，選手のイメージと結びつくことが好ましくないと考える一定のカテゴリーについては，選手による

10　Gabe Zaldivar "Ronaldinho Loses Millions from Coca-Cola After Ridiculous Pepsi Gaffe" Bleacher Report（2012年7月12日）。〈https://bleacherreport.com/articles/1255108-ronaldinho-loses-millions-from-coca-cola-after-ridiculous-pepsi-gaffe〉。

エンドースメントを禁止しておくこともありうる。

　第(2)号は，スポンサーやその製品の評判・イメージを害するような選手による言動を禁止している。エンドースメントを通じてスポンサー企業と深く関わる選手がその企業を批判したり，プロアスリートとして実際にスポンサー製品を使用した上でその製品を批判したりすると，スポンサーの評判・イメージに対するダメージは著しい。そのため，選手がそのような発言等をしないよう，明示的な禁止事項としている。

　なお，本号とは逆に，スポンサーが，選手その他のライツホルダーの評判・イメージを害するような言動を行ってはならない旨を規定する場合もある。

　第(3)号は，アスリート特有の問題として，ドーピング違反等を禁止事項としている。ドーピング違反は公序良俗に反する行為として以下の第(4)号に該当する余地もあるが，試合等の出場資格の喪失につながると同時に選手のイメージを致命的に破壊し，エンドースメントの価値を大きく損なわせるという重大性から，特に明示的に規定している。なお，競技上の禁止行為・反則行為それ自体が当然にエンドースメント契約の違反とされるべきではないため，あくまで競技への参加資格そのものに関わるルールの重大な違反のみを対象としている。

　第(4)号は，一般的に選手のイメージを害する違法行為，不適切行為等を禁止している。この点について詳しくは第12条第2項を参照されたい。

コラム　Shut Up and Dribble?　―政治的発言を禁止するか？―

　政治的な立場や主義主張に関わらない消費者一般の需要を取り込みたいスポンサー企業にとっては，選手が特定の政治的な立場を表明することで，反対の立場の消費者による購買に悪影響が及ぶことは望ましくないとも言える。また，そもそもスポーツと政治は関わるべきでない，あるいは選手はスポーツに集中すべきという考え方からは，選手による政治的な立場の表明それ自体にネガティブな反応が向けられうる。これらのことから，エンドースメント契約においては，選手による政治的な発言を禁止したり，契約の解除事由としたりすることも考えられる。

　しかし，この点は極めてセンシティブな問題であり，スポンサーとしても慎重に検討する必要がある。特に，近年の世界的な潮流として，差別や人権に関わるような社会問題について，選手が積極的に発信や関与をするケースが増えており，かつ，社会的影響力を有する一流選手ほどむしろそうすべきだと考えるファンや消費者が多くなっていることは，理解しておいたほうがよいだろう。

　近年のアメリカにおいて，この点も絡む論争となったケースとして，2018年，NBAのスターであり，社会問題への積極的な取組みでも知られるレブロン・ジェームズ選手に向けた，保守寄りのメディアであるFOXニュースのキャスターの発言がある。同キャスターは，トランプ大統領を批判するなどした同選手のインタビュー映像を取り上げた上で，「球を弾ませて年間1億ドルをもらっているような人間に政治的なアドバイスを求めるのはいつでも愚かなことだ」「政治的な批評を口にするな」などと述べ，"Shut up and dribble"（黙ってドリブルしてろ）と切り捨てた。この発言は即座に物議を醸し，人種差別的との批判等も巻き起こると同時に，スポーツ選手が政治的な発言をすることの是非が改めて議論されることにもなったが，多くはジェームズ選手に対して擁護的だった。その後，同選手は，むしろこの1件が問題の再認識につながったとして，社会問題に対する選手の役割をテーマとし，"Shut up and dribble"とのタイトルを付したドキュメンタリーを制作するなど，引き続き活発に社会問題に関する発信を行っている。

　その他，2017年の#MeTooや2020年のBlack Lives Matterにおいても，選手による積極的な意見表明の輪が広がった。Black Lives Matterでは，NBA選手らが抗議のために試合をボイコットしたことに続いて，大坂なおみ選手が，参加中の

大会をボイコットすることを公表し，さらに，同年の全米オープンにおいて黒人差別の犠牲者達の名前が刻まれた７枚のフェイスマスクを着用して世界的な注目を集めたことは記憶に新しい（その他，2020年８月23日に米国ウィスコンシン州において警官が黒人男性を７発銃撃した事件をきっかけとしてアメリカスポーツで広がったボイコット等については，【図表Ⅴ－１】参照）。ちなみに，大坂なおみ選手は，これらの人種差別問題に対する積極的な姿勢が評価されたこともあり，レブロン・ジェームズ選手とともに，AP通信社の2020年のAthlete of the Yearに選出されている。

【図表Ⅴ－１】2020年８月23日の黒人男性銃撃事件をきっかけとするボイコット等[11]

ライツホルダー／スポーツ	ボイコットや試合延期の内容
NBA	ミルウォーキー・バックスの選手らが，2020年８月26日のオーランド・マジックとのプレイオフ戦をチームとしてボイコットすることを発表し，チームオーナーやマネジメントも支持。 同日試合予定だった他チームも追随し，NBAは正式に同日のプレイオフ３試合すべての延期を決定。 その後，同月29日にプレイオフを再開。
WNBA	上記NBAの延期決定を受けて，2020年８月26日に予定されていた３試合すべてにつき正式に延期を決定。 その後，同月28日に試合を再開。
MLB	延期の判断は基本的に各チームに委ねられ，2020年８月26〜28日にかけて，予定されていた試合のうち11試合につき延期。 延期された試合はそれぞれ後日に実施。
MLS	2020年８月26日に予定されていた試合のうち５試合につき正式に延期を決定。 延期された試合は翌９月に実施。
NHL	2020年8月27〜28日に予定されていたプレイオフの４試合すべてにつき正式に延期。 翌29日よりプレイオフを再開。

11　Jill Martin "These teams and athletes refused to play in protest of the Jacob Blake shooting" CNN（2020年８月28日）〈https://edition.cnn.com/2020/08/27/us/nba-mlb-wnba-strike-sports/index.html〉等を参照して筆者が作成。

NFL（オフシーズン）	7チームが2020年8月27日の練習を中止。
テニス	2020年8月26日，大坂なおみ選手が翌27日に予定されていたウエスタン＆サザン・オープン準決勝に出場しない意思を表明。 その後に同大会の27日の全試合が翌28日に延期されることが正式に決定。 28日に同大会は再開され，大坂なおみ選手も出場。

　これらの事例のように，メディアやSNS等のプラットフォームを通じて多くのファンに呼びかけることができる選手が，社会問題の解決や認識向上のためにその影響力を活用することは，特に欧米の若い世代のファンからは概ね好意的に受け止められており，それらの選手を積極的にサポートするスポンサー企業に対する良好なイメージにもつながりうる。もちろん，欧米でも，選手はスポーツに集中すべきで，社会問題に関わるべきでないと考えるファンもいるし，差別や人権に関わる社会問題というよりも純粋に政治的な問題について，ごく個人的な主義主張のためにスポーツの場を利用するようなケースとなれば，やはり好感を持たないファンは多いと考えられる。つまり，問題の性質，その問題と選手の関わり，発言や活動の内容・方法等の具体的な事情によるといえるが，社会全体が解決に取り組むべき問題か，正当な意見対立がありうる政治的な問題かの区別は必ずしも明確ではないし，少なくとも，選手による政治的な発言や活動を一律に否定的に取り扱うことには慎重になる必要があるだろう。

　Ⅳ①(3)のコラムで述べた内容にも関わるが，近年，世界的には，スポーツは社会問題と距離を置くのではなく，スポーツが持つ影響力をその解決に活かすべきと考える傾向が強まっている。その中で，日本では，そもそも一般国民においても社会問題に関するデモ等の活動が盛んではないことや，プロスポーツ選手は本職であるスポーツに集中すべきという風潮が強いこともあってか，選手による意見表明や抗議活動にあまり馴染みがなく，その是非もあまり議論されていないように思われる。若い世代を中心に今後変わっていく可能性はあるが，ここでは，筆者個人が感銘を受けた，人種問題への抗議として国歌斉唱時にヒザをつくアクションの先駆けとなったNFLのコリン・キャパニック選手（詳しくはⅣ①(3)のコラムも参照）の当初2016年のインタビューでの以下の言葉を記しておきたい。アメリカにおける人種問題の根深さと，スポーツにだけ集中していればよいのか，何か行動を起こすべきではないのかという選手の苦悩が，よく表れているのではないだろうか。

"I am not going to stand up to show pride in a flag for a country that oppresses black people and people of color. To me, this is bigger than football, and it would be selfish on my part to look the other way. There are bodies in the street and people getting paid leave and getting away with murder."（黒人や有色人種を迫害している国の旗への誇りを示すために起立など，私はしない。私にとって，これはフットボールより大きなことだし，見て見ないふりをするのは利己的だろう。道端には死体が転がり，有給の休暇を取って殺人の罪を免れる人間達がいるんだ）。

【第11条：表明保証】
〈第1項：スポンサーの表明保証〉

> 本企業は，本選手に対して，本契約締結日において，以下の事項が真実かつ正確
> であることを表明及び保証する。
>
> (1)　本企業は，日本法に基づき適法に設立され，有効に存続する法人であり，本
> 　　契約の締結及びその履行に必要とされる完全な権利能力及び行為能力を有して
> 　　いること。
> (2)　本企業による本契約の締結及びその履行に関し，本企業につき，法令及び定
> 　　款その他の社内規則上必要とされる一切の手続が履践されていること。
> (3)　本企業による本契約の締結及びその履行は，本企業に適用される法令及び定
> 　　款その他の社内規則，本企業が当事者である契約，本企業に対する司法機関・
> 　　行政機関等の判決，決定，命令等のいずれにも違反しないこと。

　エンドースメントという取引を行うにあたり大前提となるスポンサー側の事
情で，スポンサーが責任を持つべき，スポンサーの法的な能力，社内手続の実
施，契約違反の不存在等の事項について，スポンサーによる表明保証として規
定している。サンプルでは，企業を当事者とする契約実務において比較的よく
規定される基礎的な表明保証事項のうち一部のみを，参考までに規定している
が，具体的な取引の経緯・内容や，選手側の希望・懸念等にあわせて，柔軟に
規定を設けることが可能であり，それを通じて当事者間の適切なリスク分担を
図ることが期待される。

〈第2項：選手の表明保証〉

> 本選手は，本企業に対して，本契約締結日において，以下の事項が真実かつ正確
> であることを表明及び保証する。
>
> (1)　本選手は，本契約の締結及びその履行に必要とされる権限を有していること。
> (2)　本選手による本契約の締結及びその履行は，本選手に適用される法令，本選

> 手が当事者である他の企業との契約，本選手に対する司法機関・行政機関等の
> 判決，決定，命令等のいずれにも違反しないこと。

　エンドースメントの大前提となる事項のうち，選手が責任を持つべき，選手
側の事項について，選手による表明保証として規定している。サンプルでは，
ごく基礎的・限定的な表明保証事項のみとしているが，その中でも，第(2)号に
定める，このエンドースメント契約の締結・履行により選手が既存の他の企業
との契約に違反しないことは，選手が他のスポンサー企業に与えたexclusivity
と，このエンドースメント契約の内容が矛盾しないという意味も含む点で，重
要な意味を持ちうる。

〈第3項：表明保証違反に基づく損害賠償〉

> 本企業及び本選手は，前各項において自らが表明及び保証した事項に関し，誤り
> があり又は不正確であったことが判明した場合には，それにより相手方当事者に
> 生じた損害を速やかに賠償しなければならない。

　表明保証の概念は，英米の契約実務において発展し，その後に日本に輸入さ
れたものであることからも，その内容に誤り等があった場合の法律上の効果に
ついては，必ずしも自明ではない。そのため，契約実務上は，表明保証違反が
あった場合の契約上の具体的な効果を意識して規定がなされる必要があり，本
項は，その効果としての損害賠償について定めている。

【第12条：契約解除】
〈第1項：契約違反の場合の解除〉

> 各当事者は，相手方が本契約のいずれかの条項に違反し（第11条第1項又は第2
> 項において表明及び保証した事項に関し誤りがあり又は不正確であったことが判
> 明した場合を含む。），当該相手方に対して催告してからも相当期間内に治癒され
> ない場合は，本契約を解除することができる。

　当事者の一方が契約に違反した場合，是正のための相当期間を与えた催告を
して，それでもなお是正されない場合には契約を解除できるという，民法に
則った原則的な解除について規定している。

〈第２項：スポンサーによる解除〉

> 本企業は，以下の各号の一に該当する場合，本選手に対して何ら催告することな
> く，本契約を直ちに解除することができる。
>
> (1)　本選手が第10条の禁止行為に違反した場合。
> (2)　死亡，負傷，疾病，引退その他の理由により本選手がプロテニス選手として
> 　　適格に活動することが永続的又は２年以上にわたり不可能又は困難となった場
> 　　合。
> (3)　本選手の社会的評価又はイメージを著しく害する不祥事，スキャンダル等
> 　　（本選手による第10条第(4)号に定める行為を含むが，これに限られない。）の発
> 　　覚により，本契約に基づく本選手による本企業製品のエンドースメントの目的
> 　　達成が不可能若しくは著しく困難となり，又は本企業若しくは本企業製品の企
> 　　業イメージが著しく毀損されるおそれがある場合。

　当事者として契約締結時には予定していなかった，選手に関する重大な事態
がフィールド内外で生ずることにより，選手の活躍を通じたポジティブなイ
メージをスポンサー・製品のマーケティングに利用するというエンドースメン
トの根本的な目的の達成が不可能または困難になる（あるいはむしろマイナス
にすらなる）場合がありうる。そのような場合でも，契約上でそれらの事態に
関して何も規定されていなければ，スポンサーとして何らの措置もとれないま
ま，契約期間中，スポンサーシップ料の支払義務を負い続けることになりかね
ない。
　そのため，そのような事態をあらかじめ可能な限り想定して，契約を解除で
きるようにしておくことは，スポンサーによるエンドースメント契約の交渉に
おいて極めて重大なポイントとなる。

　第(1)号は，選手が第10条の禁止行為をした場合，契約違反として本条第1項による解除の対象にもなりうるが，これらの禁止行為の性質上，一度なされてしまえば相当期間を定めた催告がされても治癒は困難と考えられるし，解除につき急を要するケースもありうることから，催告等の手続を経ることなくただちに解除できるようにする点に主眼がある。

　ちなみに，第10条第(4)号に該当する犯罪行為のようなケースについては，厳密には，契約書上の解除事由としての具体的な定め方にバリエーションがありうる。つまり，解除事由として，単純に「犯罪行為をした（法令に違反した）こと」と規定されるケースもあれば，特に欧米の契約などでは，「有罪判決が下されたこと」と規定されるケースも少なくない[12]。第10条第(3)号に該当するドーピング違反のケース等でも，有罪判決ではないが，同趣旨の考慮がありうる。ここまで緻密な交渉がなされるケースは，少なくとも日本の実務上はあまりないように思われるが，実際に該当しうる事由が生じた場合には，このような細かな文言の差異が解釈に影響しうることになる。

　第(2)号は，選手が永続的または相当長期にわたって競技を行うことができない状態が生じた場合について規定している。負傷等はスポーツにつきものであるし，引退は人生に関わる最も重大な判断の1つとして選手に委ねられるべきものであり，その他のいずれの事由も基本的に選手が責められるべき性質のものではない。そのため，これらは第10条のような禁止行為には馴染まない（選手による契約違反とはすべきではない）が，エンドースメントの前提が崩れることによる目的不達成という観点から，スポンサーによる解除事由としている。

　もっとも，具体的な解除事由の内容・範囲については，エンドースメントの趣旨，選手と企業との関係性等に応じてケースバイケースで検討が必要である。例えば，男子テニスのロジャー・フェデラー選手が2018年にユニクロと締結し

12　後者のケースのほうが，刑事事件における「無罪推定の原則」と整合的とも言え，この原則が特に根付いている欧米で受け入れられやすい規定ぶりなのかもしれない。他方で，逮捕・起訴されればほぼ有罪という，有罪率の極めて高い日本の状況とは異なっており，このあたりの刑事実務も各国における契約書の内容に影響しているようにも思われ，興味深い。

た10年間のエンドースメント契約については，異例ではあるが，たとえ同選手がプレーしなくてもエンドースメント料が支払われるとも言われている[13]。

また，解除事由として規定したとしても，実際にその事由が生じた場合に解除すべきかどうかは，慎重な判断を要する。この点については本項【スポンサー側のポイント①】を参照されたい。

第(3)号は，選手の著しいイメージ低下を招くスキャンダル等が生じた場合について規定しており，この条項のことを米国では特に"Morality Clause"（モラル条項）とも呼ぶ。これについて詳しくは本項【スポンサー側のポイント②】を参照されたい。

その他にも，チームスポーツの選手の場合，例えば，所属チームの地元企業によるスポンサーシップのように，特定のチーム・クラブに所属していることが重要な意味を持つエンドースメントもある。そのようなケースでは，選手が他のリーグやチーム・クラブに移籍した場合を解除事由の1つとすることも検討する必要があるだろう。

【スポンサー側のポイント①】解除権の行使

スポンサーが契約を解除できると規定された事態が生じた場合でも，実際に解除するかどうかは，表面的な経済合理性の観点のみではなく，スポンサーとしてのPR等の観点からも慎重に，しかし迅速に，判断する必要がある。事情によっては，ただちにスポンサーシップを解除してサポートを打ち切ることにより，冷徹，非人情的等としてスポンサーのイメージ低下を招く可能性があるからである[14]。

この点に関連して，近年米国で特に問題となったのが，女性アスリートの妊娠の場合の取扱いである。2019年，ナイキがスポンサーする女性アスリート達

13　Darren Rovell "Roger Federer leaves Nike for Uniqlo apparel" ESPN（2018年7月2日）〈http://kwese.espn.com/tennis/story/_/id/23972357/roger-federer-wears-uniqlo-apparel-wimbledon-opener-ending-apparel-deal-nike〉。
14　さらに，そもそもそのような解除条項を規定すること自体に一定のリスクが伴いうる点については，第15条第1項【企業側のポイント】参照。

が，妊娠・出産による必然的な出場機会の減少，競技成績の低下等に伴い，ナイキがスポンサーシップ料の支払停止，減額等の女性アスリートに不利な取扱いをしていることを告発した。これらのナイキによる取扱いは，あくまでナイキとアスリートの間のスポンサーシップ契約上の条項に従ったものであり，ナイキは決して契約違反をして不当に減額等を行っていたわけではないと考えられるが，ナイキが表向きには女性アスリートの支援を大々的にアピールしていたこともあり，世間の大きな批判を呼んだ。これにより，他のスポーツアパレル企業は，妊娠中のスポンサーシップ料の保証等を導入し，ナイキも，出産前後の18カ月間は成績低下等によるスポンサーシップ料の減額や契約解除をしない旨をスポンサーシップ契約に盛り込むことを約束した[15]。昨今の米国では女性アスリートと男性アスリートの様々な面での不平等の是正が大きなムーブメントになっていることもあるが，日本においても女性活躍の推進が叫ばれる昨今，日本のスポンサーによる同様の取扱いが明らかになった場合には，同じく世間の批判が生じる可能性はあると思われ，留意が必要だろう。

【スポンサー側のポイント②】モラル条項

　アスリートや芸能人の不祥事が発覚した際，スポンサー企業がただちに契約解除を発表するケースはよく目にするだろう。特に，アスリートであっても，競技成績だけではなく，私生活における品行方正・クリーンさが世間から求められる傾向が強まっている現代においては，アスリートの起こした不祥事を企業として是認しない旨を明確に表明するため，ただちに契約解除してそのアスリートとの関係を断つことを検討すべきケースは多い。

　モラル条項の対象とすべき不祥事・スキャンダルとしては，薬物犯罪や暴力

15　Jenna West "Athletes Speak Out Against Nike's Lack of Maternity Leave Protection, Other Companies Make Change" Sports Illustrated（2019年5月24日）〈https://www.si.com/olympics/2019/05/24/nike-maternity-protection-sponsorships-contract-allyson-felix-alysia-montano〉; Chris Chavez "Nike Removes Contract Reductions for Pregnant Athletes After Backlash" Sports Illustrated（2019年8月16日）〈https://www.si.com/olympics/2019/08/16/nike-contract-reduction-pregnancy-protection-athlete-maternity-leave〉。

事件等，典型的にはアスリートの逮捕をきっかけとして広く報道される犯罪行
為の他，必ずしも犯罪ではなくとも，アスリートに対する世間の信用・イメー
ジを害するものとして，不貞等の一般的に公序良俗に反する行為があげられる。

　もっとも，本項【スポンサー側のポイント①】とも関連するが，実際にモラ
ル条項にヒットする不祥事が発覚した場合に企業として契約解除するか否かは，
別途の検討を要する。例えば，ナイキは1996年から現在までゴルフのタイ
ガー・ウッズ選手をスポンサーしているが，その間，常習的な不貞の発覚や薬
物影響下での運転による逮捕という大きなスキャンダルにより，他の多くのス
ポンサーが契約を解消して離れていった。そのような状況でも，ナイキはスポ
ンサーシップを継続することを選択し，その結果，さらに度重なる故障・手術
による成績の低迷も経た上で，2019年にタイガー・ウッズ選手がマスターズで
優勝して復活を遂げたことにより，ナイキと同選手の関係は世界で最も象徴
的・理想的なスポンサーシップの１つとなっている[16]。

　なお，オリンピックのスポンサーに関しては，2002年ソルトレイクシティ大
会の招致活動における贈収賄疑惑に端を発したスキャンダルにより，IOCの改
革が世間やスポンサーから強く求められることになり，その際のIOCによる取
組みの一環として，スポンサーシップ契約の中に，IOC側の倫理基準違反とス
ポンサー側の不祥事について相互に解除権を持つ旨の規定が入れられるように
なったという経緯がある[17]。

【スポンサー側のポイント③】救済手段の整理

　ここまで各条項で解説したとおり，スポンサーにとってのエンドースメント

16　Eben Novy-Williams "Tiger's Masters Victory Is a $22 Million Win for Nike" Bloomberg
　　（2019年４月15日）〈https://www.bloomberg.com/news/articles/2019-04-14/tiger-s-masters-
　　win-a-major-boost-for-the-brands-still-with-him〉。
17　マイケル・ペイン著／保科京子・本間恵子訳『オリンピックはなぜ，世界最大のイベン
　　トに成長したのか』（サンクチュアリ出版，2008年）360頁。スキャンダルとしては，ソル
　　トレイクシティの招致委員会のメンバーからIOC委員の娘に奨学金が支払われていたとい
　　う疑惑に始まり，2000年シドニー大会の招致でもオーストラリアオリンピック委員会から
　　IOC委員に奨学金が支払われたなど，多くの疑惑が取り沙汰された。

の目的達成が難しくなるような事態は，選手のスキャンダル，引退，欠場，負傷，移籍等，様々なものがありうるが，スポンサーの利益保護・リスクヘッジの観点からは，それぞれの場合において，スポンサーがエンドースメント契約上でどのような救済手段を持つかが重要なポイントとなる。具体的には，契約の解除，損害賠償・違約金の支払，エンドースメント料の返金・減額等であり，対象となる各事態の性質も踏まえて，適切でバランスの取れた救済手段が適用されるよう，契約書において整理する必要がある。

　例えば，サンプルの構成の場合，第10条の禁止行為として規定されている事項と，第12条第2項の解除事由として規定されている事項について，一見似たような趣旨にも見えるが，前者に該当した場合には，（第12条第2項第(1)号に基づく解除の対象となることに加えて）契約違反として損害賠償の対象となるのに対して，後者にのみ該当した場合には，契約の解除の対象とはなるものの，必ずしも損害賠償の対象とはならない。この点は，例えば，選手が不運な怪我によりプレーできなくなった場合と，犯罪で逮捕されてプレーできなくなったような場合で，いずれもエンドースメント契約は解除できるべき状況だとしても，選手の帰責性の相違に照らして，さらに選手に対する損害賠償請求まで認められるべきかという点を考えると，使い分けの必要性が理解できるだろう。

　なお，選手のエンドースメントではなく，チームのスポンサーシップ契約の場合には，例えば，そのチームの所属選手のスキャンダルや，チームの観客動員数の減少等をどのように取り扱うか（解除や減額の対象とするか）といった点も，実務上は重要な論点となりうるところであり，このように，ライツホルダーの種類によっても，スポンサーとして救済手段を検討しておくべき事態は異なってくる。

【選手側のポイント】責任の制限

　いずれかの当事者がエンドースメント契約に違反した場合，他方の当事者は違反した当事者に対して債務不履行に基づく損害賠償請求権を持ちうるが，具体的な損害の範囲は必ずしも明確ではなく，その見方次第では予想外に金額が

膨らむ可能性がある。例えば，選手のスキャンダルで第10条第(4)号の違反が生じて契約が解除された場合に，そのスキャンダルによりスポンサーのイメージにどの程度の悪影響が生じ，具体的にどの程度の売上が減少したかは算定が困難であるし，他にも，その選手を起用した販促物の製作・廃棄費用等も含めて，見方によっては思いもよらぬ金額の損害となりうる。

　そのため，選手としては，予想外に過大な損害賠償の責任を負わないよう，あらかじめ，損害賠償の範囲・金額を限定しておくことが考えられる。スポンサーとしても，例えば，選手に提供した製品に不具合があったせいで選手が負傷した場合の賞金その他の収入の減少等，過大な損害の賠償を選手から請求される可能性は一応あるが，エンドースメント契約上のスポンサーの主要な義務はあくまでエンドースメント料の支払という金銭債務であり，その不履行による損害賠償の金額は原則として法定利率による（民法419条１項）。そのため，損害賠償金額の限定は，選手にとってより重要なポイントになる。

　具体的な限定方法としては，損害賠償の総額について，エンドースメント料の金額等，一定の上限金額を設けることが考えられる。その他には，損害賠償の対象となる損害の範囲・種類について，予想外に広がりうる特別損害，間接損害，逸失利益等を除外したり，スポンサーの企業イメージの毀損に関しては免責したりすることも考えられる。他方で，公平性の観点等からは，選手側の帰責性の程度に着目して，選手に故意や重過失がある場合については，これらの限定が適用されないようにするケースもありうる。

〈第３項：選手による解除〉

本選手は，以下の各号の一に該当する場合，本企業に対して何ら催告することなく，本契約を直ちに解除することができる。

(1)　本企業について破産手続，民事再生手続，会社更生手続，特別清算その他の倒産手続（国内外を問わず，また，将来制定されるものを含む。）開始の申立てがなされた場合。

⑵　本企業が支払不能若しくは支払停止の状態に陥り，又は手形交換所の取引停止処分を受けた場合。
⑶　本企業がその財産について差押え，仮差押え，仮処分その他の強制執行若しくは保全処分又は公租公課の滞納処分を受けた場合。
⑷　前各号に定めるほか，本企業の信用が著しく低下し，本契約に従ったエンドースメント料の支払その他の義務の履行が期待できなくなった場合。

　エンドースメント契約に基づく選手からスポンサーに対する権利付与や協力は，エンドースメント料の支払を対価として行われるものである。そのため，スポンサーの経済的信用の低下により，契約に従ったエンドースメント料の支払が期待できない状態となった場合には，必ずしも実際に支払の不履行が生じるのを待たずとも，選手のほうから契約を解除して拘束から逃れることを可能とする趣旨の規定である。
　第⑴号から第⑶号は企業の信用の悪化を示す典型的な事象を列挙しており，第⑷号はより包括的に信用の悪化により義務履行が期待できない場合を解除事由としている。
　なお，選手にとっては，エンドースメント料の支払を受けることがエンドースメントの第一次的な目的である。しかし，エンドースメントは選手自らのブランディングにも関わる取引であることから，スポンサーからの解除の原因となる第10条第⑵号や本条第2項第⑶号に対応するものとして，選手の信用・評判を貶めるようなスポンサーによる発言等があった場合や，スポンサーの重大な不祥事により選手のイメージ上そのスポンサーとの関係を維持することが好ましくない場合なども，選手側から契約解除できるよう規定することも十分考えられる。

【第13条：契約更新の優先交渉権】
〈第1項：選手と第三者との交渉禁止〉

本選手は，本契約期間の満了日の○ヶ月前までの間，対象製品について，本企業

> の事前の承諾なくして，第三者との間で，広告，マーケティング，エンドースメント，開発協力，コンサルティング等に関する契約の提案又は交渉をしてはならない。

　エンドースメントについての消費者の認知や，選手とスポンサーおよびその製品の間のイメージの連想等は，通常，エンドースメントが継続するにつれて強まることが期待できる。また，エンドースメントのメリットを最大化するため，スポンサーは，エンドースメント期間を通じて，アクティベーションを含む相当の投資を行うことになる。

　これらのことから，スポンサーとしては，エンドースメント期間の終了に際して，新たに別の選手と契約するよりも，成功している既存のエンドースメント契約の更新を望むケースは多い。しかし，元のエンドースメント期間中に選手の人気・知名度が上昇した場合も含め，人気選手によるエンドースメントの獲得については，競業他社との間で激しい競争となることも予想される。その結果，例えば，せっかく選手が駆け出しの頃から契約してサポートをしていたのに，いざ選手が大活躍して契約更新のタイミングになったら，競業他社に抜け駆け的に契約されてしまう，といった事態も起こりうる。

　そのため，スポンサーとして，エンドースメントが終了する前に，エンドースメント契約の更新について選手と優先的に交渉できる権利を確保しておくことが重要となりうる。

　本項は，スポンサーにそのような優先交渉権を与える前提として，選手が他社との間でエンドースメント契約の交渉等を行うことを禁止している。なお，優先交渉権を認める期間について，選手としては，もし更新につき合意に至らず，他社との契約を模索する場合には，現行のエンドースメント契約の終了とのタイムラグをなるべく小さくしたいところである。そのため，現行のエンドースメント契約の終了時ギリギリまで優先交渉権を認めるのではなく，終了前の一定期間は他社との交渉等が解禁されるようにすることが望ましい。

〈第2項：スポンサーの優先交渉権〉

> 本企業は，本契約期間の満了日の○ヶ月前から○ヶ月前までの間（以下「優先交渉期間」という。），本選手に対して，本契約の更新を申し入れることができ，本選手は，かかる申入れがなされた場合，優先交渉期間中，本契約の更新及びその条件について本企業と誠実に協議する（但し，本契約を更新する義務を負うものではない。）。

　本条第1項で説明したとおり，スポンサーが希望する場合には，エンドースメントの終了前の一定期間，その更新について選手と優先的・独占的に交渉できる権利を与えるものである。

　スポンサーの権利の具体的な内容はケースバイケースである。サンプルでは，選手の自由に対する制約が比較的強くないパターンとして，選手は更新についてスポンサーと誠実に協議する義務のみを負い，実際に更新を合意する義務まではないものとしている。

　より強い優先権をスポンサーに与えるパターンとしては，選手が第三者と後継のエンドースメント契約を締結しようとする場合には，その条件をスポンサーに通知し，もしスポンサーがそれと同等以上の条件で契約を更新することを希望すれば，選手はそれに応じてスポンサーと契約を更新するというものがある（いわゆるmatching right）。そのような権利をスポンサーに与える場合には，実際に手続に従う際に混乱が生じないよう，各通知や交渉に関する期間を含め，権利行使のプロセスにつき具体的に規定しておく必要がある。

【選手側のポイント】

　優先交渉権の付与については，選手の長期的なブランディングの計画も踏まえて慎重に検討する必要がある。目先のエンドースメント取引を獲得するために安易に合意するようなことは避けなくてはならない。

　優先交渉権を与える場合でも，その具体的な内容については，まず，経済的に著しく不利・不合理な条件での更新を強制されうるような内容とすべきでな

いことはもちろんである。例えば，当初のエンドースメント期間中に選手が活躍し，エンドースメントの価値が高まったにもかかわらず，従前の金額のままのエンドースメント料，または競業他社のオファーに比べて著しく不利な条件での更新を強制されるケースである。

　また，対象製品の性質によっては，更新のタイミングで自由にスポンサーを切り替えられないことが選手のパフォーマンス上マイナスとならないかという観点も重要となる。例えば，対象製品が競技に関わる用具等の場合，更新のタイミングでは，選手として，それまでのエンドースメント期間中の実際の使用感も踏まえつつ，他社の最新の製品とも比較検討した上で，最もパフォーマンスの向上に資すると考える製品を改めて選択できることが望ましい。そのためには，たとえ従前からのスポンサーが経済的には最も有利な条件を提示した場合であっても，選手が必ずしもそのスポンサーとの契約更新を強制されない内容にしておく必要がある。

コラム　スーパースター・パワーとmatching right

　matching rightが裁判で争われた近年の事例として，EPLのリヴァプールFC がユニフォームの公式サプライヤー・スポンサーをニューバランスからナイキに 切り替えるに際して，ニューバランスがmatching rightの行使を主張した件があ る。

　ニューバランスは2011年からリヴァプールFCのユニフォームのサプライヤー・ スポンサーであり，その契約においては，契約満了に伴う後継のサプライヤーの 選定に関して，ニューバランスには，第三者がリヴァプールFCに提案した条件 に対して「重要，測定可能かつ対抗可能な条件（"material, measurable and matchable terms"）」につき同等以上の条件を提案すれば，リヴァプールFCは ニューバランスと契約更新しなければならないというmatching rightが与えられ ていた。そして，2019年のUEFAチャンピオンズリーグで優勝したリヴァプール FCは，2019-20シーズンでのニューバランスとの契約満了が近づくにつれて，ナ イキとの間で後継のサプライヤー・スポンサー契約を交渉し，ナイキからは，年 間3,000万ユーロのスポンサーシップ料やライセンス製品の売上の20％のロイヤ リティ等の条件が提示された。リヴァプールFCからこの条件の通知を受けた ニューバランスは，matching rightを行使し，スポンサーシップ料等を含め同等 以上の条件で契約更新する意思をリヴァプールFCに伝えたが，リヴァプールFC は，ニューバランスの提案は真摯にナイキの提示条件に相応するものとはいえな いなどとしてニューバランスとの契約更新を拒んだため，ニューバランスはリ ヴァプールFCを相手として訴訟を提起した。

　複数の争点のうち，特に興味深いのは，ナイキの提示条件には，「レブロン・ ジェームズ選手，セリーナ・ウィリアムズ選手，ドレイク」というナイキが深い 関係を有するスーパースターが実名で例示された上で，「これらのクラスの3人 以上のサッカー以外の世界的スーパースター」を通じたリヴァプールFCやライ センス製品のマーケティングが可能であるという条件が含まれており，ニューバ ランスは，この条件は曖昧すぎて「測定可能かつ対抗可能」ではない，また，い ずれにせよニューバランスも同様の条件を提案可能だとして争った点である。

　英国の高等法院は，ニューバランスの提示条件では，「3人以上のサッカー以 外の世界的スーパースター」という点はナイキ同様に明記されていたものの，ナ イキのように具体的な選手等が列挙されていなかったことを捉えて，「レブロン・ ジェームズ選手，セリーナ・ウィリアムズ選手，ドレイク」は，世界的スーパー

スターの中でも別格であり，ナイキはそのクラスのスターをマーケティングに活かせることを約束しているのに対して，単なる「世界的スーパースター」としか約束していないニューバランスの提示条件は，同等以上とは言えないとした。加えて，今日においてこれらのスターのいわば格・クラスは様々な方法で測定できることは明白だと述べ，この条件は「測定可能かつ対抗可能」であるとした。そして，これらの結果，ニューバランスはmatching rightの行使の要件を充たしておらず，リヴァプールFCはナイキと契約可能であるとの判決を下した[18]。

　スポンサーシップにおいて競われる重要な条件といえば，通常は金額面だろう。しかし，この裁判では，ニューバランスは金額面ではナイキと同等以上の条件を提示していたにもかかわらず，ナイキがスポンサーする選手や深い関係を有するアーティストのいわば「格の違い」が結論を左右したポイントであり，これらのスターの協力を得て行われるサッカーの枠を超えてのマーケティングには，裁判所によっても一定の評価が与えられたものということもできる。

　スポンサー企業から見れば，既存のスポンサーシップのロースターが，一見関連しない他のライツホルダーとのスポンサーシップにもプラスに影響しうることを示した一例ともいえる。スポンサーするライツホルダー同士のコラボレーション等を通じて，各当事者にそれぞれメリットのある取組みが実現できれば，大きなアドバンテージとなるだろう。

18　New Balance Athletics Inc v The Liverpool Football Club and Athletic Grounds Limited［2019］EWHC 2837（Comm）。

【第14条：契約終了時の処理】

〈第１項：契約解除時のエンドースメント料〉

> 本契約期間中に第12条に基づき本契約が解除された場合，解除の日の属する契約
> 年度に係るエンドースメント料については，第７条第１項に定める基本エンドー
> スメント料は解除の日までの実日数に応じた日割りにより，第７条第２項に定め
> る特別エンドースメント料は解除の日までに達成した事項に応じた金額が，それ
> ぞれ支払われる。

　契約が中途解除された場合のエンドースメント料の支払について，疑義がな
いように規定している。

　サンプルでは解除の原因によって特に違いを設けていないが，解除について
帰責性のある当事者に対するペナルティの趣旨も兼ねて取扱いを区別すること
も考えられる。例えば，選手に帰責性があって企業が契約を解除した場合には，
ボーナス・インセンティブ報酬は剥奪または減額するなどである。

〈第２項：契約終了後の氏名・肖像等の使用〉

> 本契約期間の満了，解除その他事由の如何を問わず本契約が終了した場合，本企
> 業は，本選手の氏名・肖像等の使用を終了する。但し，本企業は，第５条第１項
> に従い本選手の氏名・肖像等を使用して本契約の終了の日までに既に制作，配布
> 又は流通済みの，本企業製品の製造，販売，広告及びマーケティング用の印刷物，
> 物品その他資料等（以下「制作済資料等」という。）については，その回収，撤
> 去等のために合理的に必要な期間（本契約の終了の日から○日間を限度とする。），
> 合理的な範囲で使用を継続することができる。また，本企業は，企業史等の内部
> 的な記録及び管理の目的の場合には，本契約の終了後も，制作済資料等を，合理
> 的な範囲で使用することができる。

　契約が終了した場合，スポンサーによる選手の肖像等の使用は終了すること
になるが，特に契約の中途解除の場合には，すでに展開・流通しているポス
ター，看板，グッズ等の販促物を回収・撤去するためには一定の時間を要する。

そのため，これらについてスポンサーに一定の時間的猶予を与える規定である。

　本条第1項と同様，この場合も，サンプルでは契約終了の原因を問わないものとしているが，期間満了による終了の場合には猶予を排除または短縮したり，解除による終了の場合に当事者の帰責性の有無に応じて取扱いを分けたりすることも考えられる。

　また，サンプルのように，企業としての記録・管理のための一定の内部使用については契約終了後も可能である旨を規定するケースもある。

【第15条：秘密保持】
〈第1項：秘密保持〉

> 各当事者（以下「受領者」という。）は，本契約の内容並びに本契約の交渉，締結及び履行に関連して他の当事者（以下「開示者」という。）から開示を受けた開示者に関する一切の情報（以下総称して「秘密情報」という。）につき秘密を保持し，本契約において企図された目的以外に使用してはならず，開示者の事前の書面による承諾なく第三者に開示又は漏洩してはならない。但し，合理的に必要な範囲内で弁護士，公認会計士，税理士その他の法律上秘密保持義務を負う専門家に開示する場合，又は法令等に基づき裁判所，官公庁等に開示する場合は，この限りでない。また，以下の情報は秘密情報に含まれない。なお，本項は本契約の終了後も2年間，引き続き効力を有する。
>
> (1)　開示の時点で既に公知であったもの。
> (2)　開示以後に受領者の行為によらず公知となったもの。
> (3)　開示以前より受領者が正当に保有していたもの。
> (4)　開示以後に秘密保持義務を負うことなく第三者から合法的に取得したもの。

　エンドースメント契約の内容（特にエンドースメント料の金額等）は，通常，当事者が秘密とすることを望むものである。また，その契約交渉や履行にあたっては，選手側は，スケジュールや所在の他，場合によっては体調や怪我の状態等，非常にセンシティブな情報をスポンサーに提供することがありうるし，スポンサー側は，自社のマーケティング戦略や製品開発に関する情報等の機密

を選手と共有することがありうる。そのため、選手とスポンサーの双方にとって守秘条項が重要となりうる。

　サンプルでは比較的シンプルな内容にしているが、特に、秘密とすべき情報の範囲や、選手のエージェント・マネジメント会社、スポンサーの関連会社等、例外的に開示を許容すべき先がないか等は、ケースバイケースで検討が必要である。

　また、エンドースメント契約が終了した途端に秘密が守られないことにならないよう、契約終了後も守秘義務が存続する旨を定めることが通常である。特に期間の限定なく存続させるケースもあるが、期間を設ける場合には、数年程度のケースが多いと思われる。

　なお、Ⅱ③(2)で述べたとおり、契約交渉の段階で先行して秘密保持契約を締結している場合もある。その場合、エンドースメント契約の締結と同時にその旧秘密保持契約は終了させ、当事者間の守秘については本条のみが適用されることにすればシンプルで混乱も生じづらいが、旧秘密保持契約を特に終了させずに併存させることも可能である。

【スポンサー側のポイント】

　適切な秘密保持条項が規定されていれば、契約上は、エンドースメント契約の具体的な内容が当事者から外部には漏れないことになる。もっとも、著名な選手の場合など、エンドースメント契約の内容は世間の関心の対象となりうることからも、契約内容が外部にリークされるなどして世間に知られるリスクは、ある程度想定しておくことが望ましいだろう。その観点からは、実務上は、企業として、万が一、世間に知られた場合に批判が予想されるような条項には留意する必要がある。

　特に、企業の利益を守るために選手に課される義務や責任の内容によっては、選手その他のライツホルダーを支援するという本来的なスポンサーシップの観念と相容れない印象を与え、批判が生じることが想定されうる。第12条第2項【スポンサー側のポイント①】で述べたような、妊娠した女性アスリートが不

利に取り扱われる条項も，その一例だろう。

　実際にそのような条項の存在が世間にリークされ，企業のイメージダウンが生じた場合において，それが選手による守秘義務違反であると企業が証明できれば，選手に対して法的な責任は追及しうる。しかし，その証明は必ずしも容易ではないことに加えて，そのような状況下で企業が選手に対して守秘義務違反を主張して責任追及すれば，さらに世間の批判が増し，イメージダウンに拍車をかけうることも想像できる。このように，「秘密保持条項さえあればどんな契約内容にしても安心」というわけではないことは，実務上留意しておくべきポイントである。

〈第2項：公表〉

> 本企業及び本選手は，事前にその具体的な時期及び方法について合意した上で，本契約の締結の事実について公表を行う。

　エンドースメント契約を締結した事実の公表に際しては，プレスリリース，記者会見等の準備が必要になるし，公表のタイミング・方法について，PR戦略の観点からの検討も必要になる。そのため，当事者の一方が先走って世間に発表してしまうことがないよう，公表については事前に両当事者間で合意する旨を規定している。

【第16条：不可抗力】

> いずれの当事者も，火災，洪水，暴風，地震その他の天災地変，ストライキ，戦争，暴動，テロ，感染症の蔓延，政府の行為若しくは命令，航空機の欠航若しくは遅延，又は当事者の合理的な支配及び管理の範囲を超えたその他の原因による本契約の不履行に関して，責任を負わない。

　「不可抗力」とは，一般的には，外部からくる事実であって，取引上要求できる注意や予防方法を講じても防止できないものと考えられており，大地震・

大水害等の災害や，戦争・動乱等が代表的な例となる[19]。不可抗力に該当する
かは，具体的な事情に照らした個別的な判断となる。

　不可抗力により，特に選手その他のライツホルダー側が，スポンサーシップ
契約に定められた義務を履行できないケースの取扱いについては，Ⅳ1(3)も参
照されたい。選手の場合には，例えば，自然災害や航空機の欠航等により，ス
ポンサーと約束していたプロモーションイベントの会場に行けないといった事
態が具体的に想定されうる。本条では，そのような不可抗力の場合には，いず
れの当事者も自らの義務の不履行について責任を負わないという，比較的シン
プルな内容のみ規定している。

【第17条：反社会的勢力の排除】

　1．反社会的勢力の排除
　　各当事者は，自ら（本企業についてはその役員を含む。）が，本契約締結日に
おいて，暴力団，暴力団員，暴力団準構成員，暴力団関係者，総会屋，社会運動
等標ぼうゴロ，その他これらに準ずる者又はこれらと密接な交友関係にある者に
該当しないことを表明及び保証し，かつ，将来にわたっても該当しないことを確
約する。

　2．反社会的行為の禁止
　　各当事者は，自ら又は第三者を利用して次の各号のいずれの行為も行わないこ
とを確約する。

⑴　暴力的な要求行為
⑵　法的な責任を超えた不当な要求行為
⑶　取引に関して，脅迫的な言動をし，又は暴力を用いる行為
⑷　風説を流布し，又は偽計若しくは威力を用いて相手方の信用を毀損し，又は
　　相手方の業務を妨害する行為
⑸　その他前各号に準ずる行為

19　我妻栄＝有泉亨ほか『コンメンタール民法－総則・物権・債権－（第8版）』（日本評論
　社，2022年）826頁。

3．解除

　いずれかの当事者（以下「違反当事者」という。）が，第1項の規定に基づく表明及び保証に関して虚偽の申告をしたことが判明したとき，又は第1項及び第2項の確約に違反したときは，他の当事者（以下「解除当事者」という。）は，違反当事者に対する書面による通知により，直ちに本契約を解除することができる。

4．損害賠償

　前項の定めにより本契約が解除された場合，解除当事者は，違反当事者に生じた損害につき何らの責任も負わず，違反当事者は，解除当事者に生じた損害を直ちに賠償しなければならない。

　日本の一般的な契約実務に従い，本条では，通常の取引において規定されるものと同程度の反社会的勢力排除条項を規定している。

【第18条：契約の譲渡】

　いずれの当事者も，相手方の事前の書面による承諾なく，本契約に基づく地位又は権利若しくは義務の全部又は一部を第三者に譲渡し又は承継させることはできない。

　民法上，契約上の地位の譲渡については相手方の承諾が必要であり（同法539条の2），他方，債権の譲渡については，「その性質がこれを許さないとき」を除き，原則として相手方の承諾なく可能である（同法466条1項）。いずれにせよ，エンドースメント契約の場合，通常，どちらの当事者においても相手方の承諾なく地位または権利義務を第三者に譲渡することは想定されていないと考えられ，それを踏まえて，本条は，相手方の事前の書面による承諾がない限り譲渡ができない旨を規定している。

【第19条：準拠法】

> 本契約は，日本国の法律に準拠し，当該法律に従い解釈されるものとする。

　国際的なエンドースメント・スポンサーシップ契約の場合，準拠法に関する条項が置かれることが通常である。本条では日本法準拠としているが，選手が外国出身で国際的に活躍している場合など，日本法以外の外国法が準拠法とされることもあり，当事者間の交渉事項となる。

【第20条：合意管轄】

> 本契約に関連して生じる全ての紛争については，東京地方裁判所を第一審の専属的合意管轄裁判所とする。

　本条では，ごく基本的なパターンとして，東京地方裁判所を第一審の裁判所として合意する条項としている。

　もっとも，裁判所で訴訟を行う場合，原則として公開されることになるが（憲法82条1項参照），スポンサーシップ契約については，金額等の具体的な契約内容が公になってしまうことはいずれの当事者にとっても望ましくないケースが多いし，そもそも当事者間で紛争になっていること自体，公に知られればお互いのイメージに悪影響を与えるおそれもある。これらのこともあり，スポンサーシップ契約においては，非公開でなされる仲裁による紛争解決を合意する条項が置かれることが少なくない。世界的にも，スポンサーシップ契約に限らず，スポーツ業界における紛争解決の方法として，仲裁は一般的な選択肢の1つとなっている。

　裁判に比べた場合の仲裁の一般的なメリットとしては，上訴がないため比較的短期間で終局的に解決しうること，業界の慣習等に精通した専門家を仲裁人とできること，当事者により柔軟な手続選択が可能であること，非公開の手続であること，ニューヨーク条約[20]により外国における強制執行の実効性の観点

で有利な場合があることなどが挙げられる。他方で，一般的なデメリットとして，上訴がないため一度下された仲裁判断の妥当性の事後的な検証は難しいこと，保全手続は裁判所にて別途行う必要があること，必ずしも法や先例に従った判断がなされないなど仲裁判断が予測しづらいことなどがあげられる[21]。

　なお，仲裁機関としては，一般的な仲裁機関の他，特にスポーツに関連する紛争を取り扱う仲裁機関であるスポーツ仲裁裁判所（Court of Arbitration for Sport）や日本スポーツ仲裁機構もあり，選手契約，代表選考，ドーピングといった選手活動に直接関連する紛争の他，スポンサーシップ等の商業的な取引についても取り扱っている。

20　「外国仲裁判断の承認と執行に関する条約」。
21　浜辺陽一郎『ロースクール実務家教授による英文国際取引契約書の書き方　第1巻（第3版）』（ILS出版，2012年）264-272頁等参照。

エンドースメント契約

　［企業名］（以下「本企業」という。）及び［選手名］（以下「本選手」という。）は，本選手による本企業の製品のエンドースメントに関して以下のとおり合意し，○年○月○日（以下「本契約締結日」という。）付で，このエンドースメント契約（以下「本契約」という。）を締結する。

第1条　目的
　本契約は，本選手による本企業製品（第3条に定義する。）のエンドースメント並びにこれに関連する本選手による協力及び本企業によるエンドースメント料の支払等について，当事者間の権利義務を定めることを目的とする。

第2条　契約期間
　本契約の有効期間は○年○月○日から○年○月○日まで（以下「本契約期間」という。）とする。なお，本契約において「契約年度」とは，○年○月○日から○年○月○日を第1契約年度として，以降毎年○月○日から翌年○月○日をいう。

第3条　対象製品
　本契約において「対象製品」とは，運動靴（テニスシューズ，スニーカー及びスポーツサンダルを含むが，これらに限られない。），スポーツウェア（テニスウェア，トレーニングウェア，Tシャツ，タンクトップ，ポロシャツ，アンダーシャツ，ジャージ，フリース，アウター及び靴下を含むが，これらに限られない。）及びスポーツ用アクセサリー（帽子，ヘッドバンド，リストバンド及びサングラスを含むが，これらに限られない。）をいい，「対象製品」のうち本企業が開発，製造，販売又は配布したものを「本企業製品」という。但し，腕時計（スマートウォッチを含む。）及びウェアラブルデバイスは「対象製品」に含まれない。

第4条　本企業製品の提供及び使用
1．本企業製品の提供
　本企業は，本選手がプロテニス選手として活動し，かつ，本契約を履行するために合理的に必要な種類及び数量の本企業製品を，本選手からの要求に従い，随時遅滞なく提供する。
2．本企業製品の使用

　本選手は，本契約期間中，全てのテニスの試合，練習及びトレーニング（テニスコートにおけるものに限らないが，メディア露出又は公衆の目に触れることが合理的に予想される場合に限る。）において，対象製品について本企業製品のみを着用及び使用するものとし，プロテニス選手としての活動に関連するメディアによる取材及び撮影，又は本選手が第三者の製品及びサービスの広告宣伝等を行う場合も，同様とする。但し，当該メディア又は第三者がこれに同意しない場合には，この限りでない。

３．本企業ロゴの表示

　本選手は，本企業製品を着用及び使用する場合，合理的に可能な範囲で，(i)本企業から提供された状態のままで着用及び使用し，(ii)本企業製品に付された本企業又はブランドの名称，ロゴその他のマーク（以下総称して「本企業ロゴ」という。）が外部より視認できる状態となるようにし，(iii)本企業ロゴを故意に隠し，破損し，汚損し，又は改変してはならず，(iv)本企業ロゴ以外の第三者の名称，ロゴその他のマークを本企業製品に付してはならない。

４．大会規則等との抵触

　本選手による前二項に定める義務の履行は，本選手が参加するテニスの大会，ツアー等の主催者，統括団体等の定める規則等（ITF，ATP及びIOCが定める服装に関する規則等を含む。）に本選手が違反することとならない限度でなされれば足りるものとし，かかる違反のおそれが生じた場合には，本選手及び本企業は，対応について誠実に協議する。本選手が団体戦の出場者としてチームのユニフォーム等を着用又は使用する必要がある場合についても同様とする。

５．本選手のパフォーマンスへの影響

　本企業は，本選手による本企業製品の着用及び使用が，プロテニス選手としての本選手のパフォーマンスに影響しうることを認識しており，本選手に提供する本企業製品に欠陥，不具合等がなく，プロテニス選手による着用及び使用に適した性能を有しており，その着用及び使用が本選手のパフォーマンスに悪影響を与えることがないよう，合理的な努力を尽くす。

第5条　本企業によるマーケティングに関する権利授与

１．権利授与

　本選手は，本企業に対して，本契約期間中，全世界において，本企業製品の製造，販売，広告及びマーケティングに関連して，メディア・媒体の形態を問わず，本選手の氏名，ニックネーム，サイン，肖像，発言，音声，経歴，競技成績等（以下総称して「氏名・肖像等」という。）を使用する権利を授与する。但し，具体的な使用の方

法，内容等については，本選手による都度の事前の承諾を要する。

２．第三者の商標等

　本契約のいかなる規定も，本企業に対して，ITF，ATP，IOCその他の第三者の商標，ロゴ，マーク等を使用する権利その他第三者の知的財産権に関する権利を与えるものではない。

３．大会規則等の遵守

　本企業は，第１項に基づき授与された権利につき，本選手が参加するテニスの大会，ツアー等の主催者，統括団体等の定める規則等（ITF，ATP及びIOCが定める規則等を含む。）に違反する態様（本選手が当該規則等に違反することとなる態様を含む。）で行使してはならず，かかる違反のおそれが生じた場合には，本選手及び本企業は，対応について誠実に協議する。

第６条　選手の協力等の義務

１．選手の参加その他の協力

　本選手は，本契約期間中，以下の目的及び回数により，本企業からの要求に従い，本企業のマーケティングその他の活動に協力するものとし，その具体的な日程，場所及び内容については，本選手のプロテニス選手としての活動に支障を生じさせない範囲で，本企業及び本選手の別途の合意により決定する。

⑴　１契約年度あたり○回，１回あたり○時間（移動時間を含まない。）を限度として，本企業製品の販売，広告及びマーケティングのための写真，動画，録音その他のコンテンツの撮影，制作等に参加その他協力する。

⑵　１契約年度あたり○回，１回あたり○時間（移動時間を含まない。）を限度として，本企業製品の販売，広告及びマーケティングに関連する本企業のイベント，記者会見その他のPR活動に参加その他協力する。

⑶　１契約年度あたり○回，１回あたり○時間（移動時間を含まない。）を限度として，本企業の役職員との親善テニス，懇親会その他の社内向けイベントに参加その他協力する。

２．費用の負担

　本企業は，第７条に定める本エンドースメント料の支払とは別途，本選手が前項に定める協力を行うために要する旅費交通費（ファーストクラスの往復航空券を含む。）及び宿泊費（国際的に評価されたハイクラスのホテルとする。）を負担するものとし，その具体的な金額については本企業及び本選手の間で事前に確認する。

３．SNSへの投稿

本選手は，本契約期間中，1契約年度あたり○回を限度として，本企業からの要求に従い，本選手のSNS（Facebook，Twitter，Instagram，TikTok又は当事者が別途合意したその他のSNSとする。）アカウントにおいて，本企業製品の販売，広告及びマーケティングに関連する内容の投稿を行う。かかる投稿は，本企業からの要請に基づく広告・PRであることを明らかにして行われるものとし，その具体的なSNSの種類及び投稿内容については，事前に当事者の合意により決定する。

4．選手のスケジュールの優先

本企業は，プロテニス選手としての本選手の活動スケジュール（試合，大会，トレーニング，移動，休息，施術その他のコンディション管理を含む。）を最大限尊重し，本条に定める選手の協力その他の行為が，かかるスケジュールと矛盾又は抵触せず，かつ，プロテニス選手としての本選手のパフォーマンスに悪影響を及ぼさないよう最大限配慮しなければならない。

第7条　エンドースメント料の支払

1．基本エンドースメント料

本企業は，本選手に対して，以下のスケジュールに従い，本選手の指定する銀行口座への振込により，本契約に定める本選手によるエンドースメントの対価として，以下に定める金額（消費税別途）を，源泉徴収すべき金額を控除した上で支払う。

＜契約金＞
　　○円を本契約締結日から○営業日以内に支払う。
＜第1契約年度の基本エンドースメント料＞
　　○円を○年○月○日までに支払う。
＜第2契約年度の基本エンドースメント料＞
　　○円を○年○月○日までに支払う。
＜第3契約年度の基本エンドースメント料＞
　　○円を○年○月○日までに支払う。

2．特別エンドースメント料

前項に定める基本エンドースメント料に加えて，本選手が各契約年度において以下の事項を達成した場合，本企業は，本選手に対して，かかる達成後○営業日以内に，本選手の指定する銀行口座への振込により，当該契約年度に係る特別エンドースメント料として，以下に定める金額（消費税別途）を，源泉徴収すべき金額を控除した上で支払う。

＜各グランドスラム（ウィンブルドン選手権，全米オープン，全仏オープン及び全

豪オープン）男子シングルス＞

本選出場：	x円
ベスト8：	y円
ベスト4：	z円
準優勝：	○円
優勝：	○円

※ 各大会毎に計算・支払を行うが，同一大会においては上記の金額は累積的ではなく，達成した最良の結果に対応する金額のみとする（例えば，ウィンブルドン選手権で本選出場のみ，全米オープンでベスト4の場合，特別エンドースメント料は，ウィンブルドン選手権についてx円，全米オープンについてz円がそれぞれ支払われる）。

＜各契約年度中の○月○日時点におけるATPランキング（男子シングルス）＞

6～10位：	○円
4～5位：	○円
3位：	○円
2位：	○円
1位：	○円

第8条　本企業による寄付

本企業は，本選手が指定し，本企業が同意（本企業は不合理に同意を遅延，留保又は拒絶できない。）する慈善団体又は公益団体に対して，各契約年度あたり○円の寄付を行う。

第9条　本選手の出場

本選手は，負傷又は疾病その他のやむを得ない事由により出場が不可能又は困難な場合を除き，各契約年度において，ATPツアー500以上のトーナメントに少なくとも○回以上（但し，出場資格を得られたグランドスラムについては全て）出場するよう誠実に努力する。

第10条　本選手の禁止行為

本選手は，本契約期間中，以下の行為をしてはならない。

(1) 対象製品について，本企業の事前の承諾なくして，第三者との間で広告，マーケティング，エンドースメント，開発協力，コンサルティング等に関する契約を締結

し，その他これらに類する行為をすること。
⑵　本企業若しくはその関連会社又はそれらの製品・サービス（本企業製品を含むが，これに限られない。）の評判又はイメージを直接又は間接に著しく害する発言その他の行為をすること。
⑶　ドーピング違反その他の競技への参加資格に関わるルールの重大な違反をすること。
⑷　法律，条例，規則等（日本国内か海外かを問わない。）に違反し（但し，交通法規等の軽微な違反を除く。），又は公序良俗に反する行為をすること（不貞，家庭内暴力，差別的言動及びアルコール，薬物等の濫用を含むが，これらに限られない。）。

第11条　表明及び保証
1．本企業による表明及び保証
　本企業は，本選手に対して，本契約締結日において，以下の事項が真実かつ正確であることを表明及び保証する。
⑴　本企業は，日本法に基づき適法に設立され，有効に存続する法人であり，本契約の締結及びその履行に必要とされる完全な権利能力及び行為能力を有していること。
⑵　本企業による本契約の締結及びその履行に関し，本企業につき，法令及び定款その他の社内規則上必要とされる一切の手続が履践されていること。
⑶　本企業による本契約の締結及びその履行は，本企業に適用される法令及び定款その他の社内規則，本企業が当事者である契約，本企業に対する司法機関・行政機関等の判決，決定，命令等のいずれにも違反しないこと。
2．本選手による表明及び保証
　本選手は，本企業に対して，本契約締結日において，以下の事項が真実かつ正確であることを表明及び保証する。
⑴　本選手は，本契約の締結及びその履行に必要とされる権限を有していること。
⑵　本選手による本契約の締結及びその履行は，本選手に適用される法令，本選手が当事者である他の企業との契約，本選手に対する司法機関・行政機関等の判決，決定，命令等のいずれにも違反しないこと。
3．違反による損害の賠償
　本企業及び本選手は，前各項において自らが表明及び保証した事項に関し，誤りがあり又は不正確であったことが判明した場合には，それにより相手方当事者に生じた損害を速やかに賠償しなければならない。

第12条　本契約の解除

１．契約違反による解除

　各当事者は，相手方が本契約のいずれかの条項に違反し（第11条第１項又は第２項において表明及び保証した事項に関し誤りがあり又は不正確であったことが判明した場合を含む。），当該相手方に対して催告してからも相当期間内に治癒されない場合は，本契約を解除することができる。

２．本企業による解除

　本企業は，以下の各号の一に該当する場合，本選手に対して何ら催告することなく，本契約を直ちに解除することができる。

⑴　本選手が第10条の禁止行為に違反した場合。

⑵　死亡，負傷，疾病，引退その他の理由により本選手がプロテニス選手として適格に活動することが永続的又は２年以上にわたり不可能又は困難となった場合。

⑶　本選手の社会的評価又はイメージを著しく害する不祥事，スキャンダル等（本選手による第10条第⑷号に定める行為を含むが，これに限られない。）の発覚により，本契約に基づく本選手による本企業製品のエンドースメントの目的達成が不可能若しくは著しく困難となり，又は本企業若しくは本企業製品の企業イメージが著しく毀損されるおそれがある場合。

３．本選手による解除

　本選手は，以下の各号の一に該当する場合，本企業に対して何ら催告することなく，本契約を直ちに解除することができる。

⑴　本企業について破産手続，民事再生手続，会社更生手続，特別清算その他の倒産手続（国内外を問わず，また，将来制定されるものを含む。）開始の申立てがなされた場合。

⑵　本企業が支払不能若しくは支払停止の状態に陥り，又は手形交換所の取引停止処分を受けた場合。

⑶　本企業がその財産について差押え，仮差押え，仮処分その他の強制執行若しくは保全処分又は公租公課の滞納処分を受けた場合。

⑷　前各号に定めるほか，本企業の信用が著しく低下し，本契約に従ったエンドースメント料の支払その他の義務の履行が期待できなくなった場合。

第13条　優先交渉権

１．第三者との交渉禁止

　本選手は，本契約期間の満了日の○ヶ月前までの間，対象製品について，本企業の

事前の承諾なくして，第三者との間で，広告，マーケティング，エンドースメント，開発協力，コンサルティング等に関する契約の提案又は交渉をしてはならない。

２．本企業の優先交渉権

　本企業は，本契約期間の満了日の〇ヶ月前から〇ヶ月前までの間（以下「優先交渉期間」という。），本選手に対して，本契約の更新を申し入れることができ，本選手は，かかる申入れがなされた場合，優先交渉期間中，本契約の更新及びその条件について本企業と誠実に協議する（但し，本契約を更新する義務を負うものではない。）。

第14条　契約終了時の処理

１．契約解除時のエンドースメント料の支払

　本契約期間中に第12条に基づき本契約が解除された場合，解除の日の属する契約年度に係るエンドースメント料については，第７条第１項に定める基本エンドースメント料は解除の日までの実日数に応じた日割りにより，第７条第２項に定める特別エンドースメント料は解除の日までに達成した事項に応じた金額が，それぞれ支払われる。

２．契約終了後の氏名・肖像等の使用

　本契約期間の満了，解除その他事由の如何を問わず本契約が終了した場合，本企業は，本選手の氏名・肖像等の使用を終了する。但し，本企業は，第５条第１項に従い本選手の氏名・肖像等を使用して本契約の終了の日までに既に制作，配布又は流通済みの，本企業製品の製造，販売，広告及びマーケティング用の印刷物，物品その他資料等（以下「制作済資料等」という。）については，その回収，撤去等のために合理的に必要な期間（本契約の終了の日から〇日間を限度とする。），合理的な範囲で使用を継続することができる。また，本企業は，企業史等の内部的な記録及び管理の目的の場合には，本契約の終了後も，制作済資料等を，合理的な範囲で使用することができる。

第15条　秘密保持

１．秘密保持

　各当事者（以下「受領者」という。）は，本契約の内容並びに本契約の交渉，締結及び履行に関連して他の当事者（以下「開示者」という。）から開示を受けた開示者に関する一切の情報（以下総称して「秘密情報」という。）につき秘密を保持し，本契約において企図された目的以外に使用してはならず，開示者の事前の書面による承諾なく第三者に開示又は漏洩してはならない。但し，合理的に必要な範囲内で弁護士，公認会計士，税理士その他の法律上秘密保持義務を負う専門家に開示する場合，又は

法令等に基づき裁判所，官公庁等に開示する場合は，この限りでない。また，以下の情報は秘密情報に含まれない。なお，本項は本契約の終了後も２年間，引き続き効力を有する。

⑴　開示の時点で既に公知であったもの。

⑵　開示以後に受領者の行為によらず公知となったもの。

⑶　開示以前より受領者が正当に保有していたもの。

⑷　開示以後に秘密保持義務を負うことなく第三者から合法的に取得したもの。

２．公表

本企業及び本選手は，事前にその具体的な時期及び方法について合意した上で，本契約の締結の事実について公表を行う。

第16条　不可抗力

いずれの当事者も，火災，洪水，暴風，地震その他の天災地変，ストライキ，戦争，暴動，テロ，感染症の蔓延，政府の行為若しくは命令，航空機の欠航若しくは遅延，又は当事者の合理的な支配及び管理の範囲を超えたその他の原因による本契約の不履行に関して，責任を負わない。

第17条　反社会的勢力の排除

１．反社会的勢力の排除

各当事者は，自ら（本企業についてはその役員を含む。）が，本契約締結日において，暴力団，暴力団員，暴力団準構成員，暴力団関係者，総会屋，社会運動等標ぼうゴロ，その他これらに準ずる者又はこれらと密接な交友関係にある者に該当しないことを表明及び保証し，かつ，将来にわたっても該当しないことを確約する。

２．反社会的行為の禁止

各当事者は，自ら又は第三者を利用して次の各号のいずれの行為も行わないことを確約する。

⑴　暴力的な要求行為

⑵　法的な責任を超えた不当な要求行為

⑶　取引に関して，脅迫的な言動をし，又は暴力を用いる行為

⑷　風説を流布し，又は偽計若しくは威力を用いて相手方の信用を毀損し，又は相手方の業務を妨害する行為

⑸　その他前各号に準ずる行為

３．解除

　いずれかの当事者（以下「違反当事者」という。）が，第1項の規定に基づく表明及び保証に関して虚偽の申告をしたことが判明したとき，又は第1項及び第2項の確約に違反したときは，他の当事者（以下「解除当事者」という。）は，違反当事者に対する書面による通知により，直ちに本契約を解除することができる。

4．損害賠償

　前項の定めにより本契約が解除された場合，解除当事者は，違反当事者に生じた損害につき何らの責任も負わず，違反当事者は，解除当事者に生じた損害を直ちに賠償しなければならない。

第18条　譲渡

　いずれの当事者も，相手方の事前の書面による承諾なく，本契約に基づく地位又は権利若しくは義務の全部又は一部を第三者に譲渡し又は承継させることはできない。

第19条　準拠法

　本契約は，日本国の法律に準拠し，当該法律に従い解釈されるものとする。

第20条　合意管轄

　本契約に関連して生じる全ての紛争については，東京地方裁判所を第一審の専属的合意管轄裁判所とする。

　本契約の締結を証するため正本2通を作成し，各当事者が署名の上，各々1通を保管する。

○年○月○日

　　　　　　　　　　　　　本企業：　［住所］
　　　　　　　　　　　　　　　　　　［企業名］
　　　　　　　　　　　　　　　　　　［代表者］

　　　　　　　　　　　　　本選手：　［住所］
　　　　　　　　　　　　　　　　　　［選手名］

索　引

［著者紹介］

加藤志郎（かとう　しろう）

弁護士（日本・カリフォルニア州），長島・大野・常松法律事務所パートナー。スポーツエージェント，スポンサーシップ，スポーツ施設その他のスポーツビジネス全般，スポーツ仲裁裁判所（CAS）での代理を含む紛争・不祥事調査等の他，不動産投資，プロジェクトファイナンス，合弁事業等，企業法務全般を取り扱う。2008年慶應義塾大学法学部卒業，2010年東京大学法科大学院修了，2017年米国UCLAにてLL.M.取得，2017〜18年ロサンゼルスのスポーツエージェンシー勤務。日本スポーツ仲裁機構仲裁人・調停人候補者，日本プロ野球選手会公認選手代理人。

スポーツスポンサーシップの基礎知識と契約実務

2023年11月1日　第1版第1刷発行

著　者	加　藤　志　郎	
発行者	山　本　　　継	
発行所	㈱中央経済社	
発売元	㈱中央経済グループ パブリッシング	

〒101-0051　東京都千代田区神田神保町1-35
電話　03（3293）3371（編集代表）
　　　03（3293）3381（営業代表）
https://www.chuokeizai.co.jp
印刷／三英グラフィック・アーツ㈱
製本／侑井上製本所

© 2023
Printed in Japan